Sexo Santo
Como Dios lo Diseñó

por Michael Pearl

Sexo Santo
Copyright © 2002 by Michael Pearl

© 2008 Traducción al español
ISBN: 978-1-934794-08-1
Primera Impresión - 10,000: Abril 2008

Visite www.NoGreaterJoy.org/magazine/bienvenidos
para obtener información respecto a otros productos de
No Greater Joy Ministries.

La correspondencia para solicitar información deberán enviarse a:
No Greater Joy Ministries Inc.
1000 Pearl Road, Pleasantville, TN 37033 USA

Todas las citas de las Escrituras están tomadas de la versión
Reina-Valera 1960.

Impreso en los Estados Unidos de América

SPANISH

Contenido

Introducción 1

Cantar de los Cantares, el cual es de Salomón. 9

Capítulo 1 9

Capítulo 2 12

Capítulo 3 16

Capítulo 4 18

Capítulo 5 21

Capítulo 6 24

Capítulo 7 27

Capítulo 8 29

Examinando Pasajes Adicionales. 33

¡DETENTE!

Este material está dirigido a lectores maduros. No leas este libro a menos que estés casado, tengas planes definidos para casarte en las próximas semanas o seas un joven maduro cuyos padres ya han leído el libro y están de acuerdo en que tú también lo leas.

Si tú no piensas que la intención de Dios era que el sexo fuera divertido, entonces, definitivamente, este libro no es para ti.

Sexo Santo
Como Dios lo Diseño

¡Dios lo hizo!

El diablo no fue quien creó el sexo, fue Dios. El sexo no fue el pecado original, más bien fue la bendición original. El primer regalo que Dios dio al hombre fue una mujer hermosa y desnuda. El primer mandamiento que les dio fue, "Fructificad y multiplicaos," lo que quiere decir, "Copulen y hagan bebés." Después de poner a la pareja desnuda en el jardín, su Creador los miró y dijo: **"He aquí, es bueno en gran manera."**

El Cantar de los Cantares

Dios dio al mundo una recopilación de 66 libros individuales. Solamente uno de esos libros se especializa en la creación. Un libro contiene salmos de adoración y alabanza. Otro está lleno de proverbios sabios. Uno enfatiza la deidad de Cristo, y solamente un libro nos narra la historia de la iglesia primitiva. Hay un libro en particular que nos habla de los acontecimientos futuros. Y luego hay un libro entero de ocho capítulos que celebra la hermosura y la pasión del sexo. Es franco, atrevido, animado, totalmente descarado y sin sonrojos en su libertad y frescura.

La inspiración divina le dio el título de "Cantar de los Cantares," lo cual es una muy alta recomendación. Seguramente estuvo encabezando la lista de éxitos por mucho tiempo como el libro de mayor venta. El hecho de que la antigua nación de Israel estuviera cómoda y tranquila teniendo entre sus Santas Escrituras un libro erótico revela la diferencia en actitud entre aquella cultura y la presente. A diferencia de nosotros, ellos no habían entregado los placeres y el arte de hacer el amor a los elementos más bajos y depravados de la sociedad. Los justos podían hablar de ello, cantar de ello, asistir a un drama que animara al amor marital y creían que "el rastro del hombre en la doncella" era un hermoso regalo de Dios.

En la época actual, donde los creyentes han aceptado la nube de vergüenza que ha sido puesta sobre el sexo, la Biblia todavía contiene no solamente una discusión acerca del sexo, sino una canción para ser cantada en público, actuada como drama, presentada en bodas, aplaudida en público, practicada en el hogar o, en los campos y bosques.

Autor

Los acontecimientos de nuestro canto comienzan en Jerusalén, se desplazan al hermoso valle de Sarón, luego a las montañas del Líbano, y regresan a Jerusalén. Se identifica a Salomón con el esposo. La mujer del canto es su "**esposa.**" Ella se casó con él en el mismo día en que su madre puso sobre su cabeza la corona de rey. Al parecer, ella fue su primera esposa y el único amor de su vida. La cama en la que hicieron el amor se describe como la cama de Salomón. El primer versículo lo describe como el cantar de Salomón. Puede ser que él lo haya escrito, o pudo haber sido escrito para él, y como tal, es su cantar.

El hombre de la historia era un pastor y era propietario de viñas. Su novia también cuidaba ovejas cuando era más joven. Es posible que Salomón fuera un pastor antes de llegar a ser rey, o puede ser que la canción haya sido escrita de una manera genérica para darle un atractivo universal.

Varios detalles parecen no encajar con el relato histórico del rey Salomón y su esposa. Es posible que la canción no tenga el propósito de ser un relato literal de su experiencia personal sino simplemente un canto acerca de la pareja promedio común. El drama contiene un relato de la novia siendo golpeada por los guardias nocturnos de la ciudad. Es muy poco probable que la esposa de Salomón anduviera corriendo por las calles buscándolo y fuera maltratada por los empleados de la ciudad. Además de esto, él regresa de una estadía prolongada en las montañas, donde había estado pastoreando, para buscar a su esposa en una casa donde ella se encuentra sola y la puerta está bien cerrada, como hubiera sido la costumbre de asegurar la puerta en cualquier casa ordinaria. Y al planear hacer el amor, ella anticipa llevarlo a casa de su madre; no lo que esperaríamos del rey Salomón.

Parece que el canto se mueve del plano de lo común al plano de la realeza, haciendo de la historia el sueño del pastor común. Al leer el texto, uno puede visualizar dos pastores que se enamoran, se casan, que hacen el amor al aire libre y luego, posteriormente, ascendiendo a compartir la esplendida cama en el palacio real.

El trasfondo histórico está sepultado en algún lugar de la antigüedad. Aunque solamente podemos adivinar los hechos que rodean esta canción, sí sabemos que el Cantar de Cantares es inspirado por Dios como lo es el libro de los Salmos. Una cosa es segura: el tema que tan hermosamente describe, es tan poderoso hoy, como lo era cuando fue escrito, y la generación actual está mucho más necesitada de una perspectiva santa acerca de la pasión más intensa que Dios ha creado.

Sensual

El canto trata principalmente con los deseos y sentimientos de ella. Se le representa como la iniciadora, quien persigue a su marido para llevarlo a la cama. Ella se jacta de que él la desea. Unge su cuerpo con fragancias naturales y especies y se adorna con joyas para atraerlo. Se siente orgullosa de sus pechos y se jacta de que él fue atraído a ella por ellos. Ella se refiere a él como un manzano y desea comer de su fruto. Ella sueña con tenerlo toda la noche entre sus pechos. Anhela los besos de su boca y su abrazo. Cuando él dice que es un huerto cerrado, lleno de fruto, ella responde invitándolo a entrar en su huerto y a comer sus mejores frutas.

El canto describe los sentidos excitados por la naturaleza física, las frutas, las aves, los animales, la primavera, el sol, la noche, las montañas, los árboles y las flores. El lector es inundado con especias y fragancias, manantiales secretos, escondites en las montañas, y todo esto con insinuaciones de su abandono a deseos y experiencias eróticas.

Todo lo que él ve y experimenta le recuerda la hermosura y firmeza del cuerpo de ella. Ve las curvas de sus caderas como joyas, obra de mano de artífice, su cuello como torre de marfil, su cabellera como rebaño de cabras, sus pechos como racimos de la vid, su estatura es semejante a la palmera, sus ojos como palomas, y anhela escuchar su voz en la tranquilidad de la noche. Su aliento le parece perfume de manzanas, sus labios le saben a miel virgen, su vientre lo ve como un montón de trigo dorado. Cuando él bebe de la fuente sellada, piensa en su pureza y virginidad. Cuando percibe una fragancia placentera, se acuerda de ella; con cada hierba, con cada especie, y con cada flor se acuerda de ella. Su mundo es un crescendo de experiencias sensuales. Con frecuencia es imposible saber si está hablando del néctar de una fruta madura o de los jugos del cuerpo de ella. Pero al final, come y bebe del cuerpo de su esposa y desafía a los lectores a hacer lo mismo con sus esposas.

La Carne y el Espíritu en Armonía

El mundo religioso con frecuencia ve al sexo como el enemigo del espíritu; lo opuesto a la rectitud y justicia, como si entre más te niegas a ti mismo más santo serás. Pero este canto inspirado descubre una cosmovisión que se encuentra completamente cómoda disfrutando plenamente de lo carnal y temporal, en y de sí mismo, y, no obstante, lo sensual los transporta a un plano de experiencia espiritual que trasciende el medio mismo.

En este canto piadoso no vemos lo carnal en oposición a lo espiritual; todo el ser está unido en la experiencia y disfrute del amor marital. La totalidad de la persona, cuerpo y espíritu, se encuentra integrado con la naturaleza física en perfecta armonía con todo lo interno y con lo externo. Es sólo cuando el amor es interrumpido por las circunstancias que existe la tensión, la cual se resuelve cuando los amantes se encuentran de nuevo en un abrazo apasionado. Es una percepción de la vida de lo más simple y básica, sin complicaciones por sentimientos de culpa, vergüenza, inhibiciones o expectativas culturales.

Uno pudiera pensar que esta cosmovisión está reservada para jóvenes adolescentes recién casados y profundamente enamorados que no tienen idea de las pruebas y dificultades que la vida puede traer. Pero el autor es un hombre maduro, y presenta su historia como la norma. En esto hay una filosofía de pureza que la mayoría de las personas nunca comprenderán a fondo. El concepto mismo es descabellado. ¿Puede el placer erótico ser tan santo como la oración? ¿Puede tanto lo sensual como lo espiritual ser ambos creación de Dios, con igual rango o categoría?

Llevándolo un poco más allá, ¿acaso pudiera ser que Dios nunca hubiera tenido la intención de que hubiese tensión entre lo carnal y lo espiritual? Seguramente él no creó realidades opuestas para que existieran en conflicto, sino en equilibrio, como las cargas positivas y negativas. El átomo con sus cargas opuestas gira lleno de energía, perfectamente balanceado como el bloque constructor de todas las cosas. Sin fuerzas opuestas y un equilibrio en las tensiones, no habría energía, ni movimiento. No era la intención de Dios que se tuviera que escoger entre la una o el otro; carne o espíritu. Desde la caída, nosotros los humanos estamos bien conscientes de la contrariedad existente entre la carne y el espíritu. Solamente en la regeneración podemos redescubrir la armonía y equilibrio donde "todas las cosas son puras."

La pareja motivada por el amor puro asciende para alcanzar lo que es la verdadera humanidad. Contrario al pensamiento popular, son solamente los justos quienes verdaderamente disfrutan los placeres del amor sexual. Con los puros e inocentes no hay desequilibrio, solamente la plenitud de aquello que Dios pretendía cuando en su plan concibió el poner a una pareja desnuda en un hermoso jardín de frutas y verduras, flores y hierbas, manantiales y césped suave. La carne y el espíritu habían de morar en armonía, como lo finito con lo infinito. Dios creó la carne para dar expresión tangible al espíritu, y el espíritu para elevar la carne por encima de los animales y de lo temporal. Estas dos dimensiones: la carne y el espíritu, combinadas con Dios como tercera dimensión, producen la realidad divina. La carne y el espíritu en comunión con Dios son el paraíso.

El paraíso se perdió originalmente cuando la carne tomó la delantera sin considerar al espíritu. Lo finito abandonó a lo infinito y sintió su desnudez. El Dios de la carne y del espíritu postergó el paraíso. En el tiempo, Dios mismo se convertiría en carne pero sin pecado y, en él, la carne se sometería al espíritu. Habría de nuevo entereza. Pero mientras tanto, el Cantar de los Cantares nos recuerda que las parejas casadas todavía pueden hacer excursiones al paraíso.

Si has vivido una vida desequilibrada, actuando egoístamente persiguiendo solamente lo carnal, sin dar lugar al amor divino. Si tienes razones para sentirte culpable, Dios todavía ofrece su perdón a todo aquel que se arrepiente. Si eres un creyente justo que nunca ha estado "en el paraíso," y por razones desconocidas, tu vida sexual se lleva a cabo en los oscuros cámaras de la vergüenza, y la carne te parece sucia, y tu espíritu está apesadumbrado por la vergüenza, entonces por favor entiende que el Espíritu Santo de Dios en su gracia y amor ha inspirado un libro para purificar tu manera de pensar.

El Guión

El guión requiere de cinco partes cantadas:
- La Esposa
- El Marido
- Las Hijas de Jerusalén (un grupo coral)
- El Padre de la Novia
- Los Hermanos de la Novia (un trío o cuarteto mixto)

Además de los cantores, hay un elenco de pastores, los guardas de la ciudad, y los soldados valientes que guardan la alcoba de Salomón.

Mientras preparaba esta obra, consulté otros comentarios para ver quienes suponían ellos que era el interlocutor en cada parte del libro. ¿Está la mujer hablando de su hombre, o está él hablando de ella? ¿Es la mujer la que habla o son las hijas de Jerusalén las que lo hacen? No había un consenso absoluto. Debo confesar que en dos o tres lugares, pasé por varias semanas de vacilación antes de establecer mis opiniones. Ahora me siento seguro de saber quién es el interlocutor en 98% del texto. Si estoy equivocado en esto en unas pocas ocasiones, eso de ninguna manera afectará la interpretación general del libro.

Según el contenido de la canción, he dividido el texto en escenas, como supongo que se hacía cuando se presentaba como una dramatización ante el público.

El Cantar de los Cantares, el cual es de Salomón

Escena 1

Capítulo 1
1 Cantar de los cantares el cual es de Salomón.

La mujer a las hijas de Jerusalén:
2 ¡Oh, si él me besara con besos de su boca! *Ella se ilusiona con las posibilidades.*

La mujer al hombre:
Porque mejores son tus amores que el vino.

3 A más del olor de tus suaves ungüentos, tu nombre es como ungüento derramado; por eso las doncellas te aman. *Las vírgenes que asisten a las bodas y apoyan a la novia, lo aman.*

4 Atráeme; *[señálame el camino—llévame]* en pos de ti correremos. *[ella y las vírgenes—las hijas de Jerusalén que la atienden]* El rey me ha metido en sus cámaras; *[recámaras]* nos gozaremos y alegraremos en ti; nos *[ella y todas las vírgenes]* acordaremos de tus amores más que del vino; con razón te aman.

La mujer a las hijas de Jerusalén:
Ella recuerda lo que pensaba respecto a su anterior falta de confianza por razón de su piel morena.

5 Morena soy, oh hijas de Jerusalén, pero codiciable *[Ella sabe que es atractiva a pesar de su piel oscura]* como las tiendas de Cedar *[uno de los doce hijos de Ismael, un pue-*

blo guerrero nómada que vivía en tiendas de colores oscuros en el desierto Oriental], **como las cortinas de Salomón.**

6 No reparéis en que soy morena, porque el sol me miró. **Los hijos de mi madre** *[aparentemente tenía hermanastros]* **se airaron contra mí;** *[maltratada por sus hermanastros y hermanastras.]* **me pusieron a guardar las viñas;** *[un trabajo al aire libre que la exponía al sol y a los elementos y contribuía a darle su tez morena]***; y mi viña que era mía** *[Cuando llama a su cuerpo una viña, nos dirige a la analogía venidera—ella es una viña con fruto listo para ser tomado y comido (8:12).]* **no guardé.** *Siendo una muchacha trabajadora, no había puesto atención a su apariencia física. En cualquier cultura excepto en Hollywood, independientemente de que tan clara u oscura sea la piel de uno, la apariencia bronceada que se obtiene por exponerse al sol es considerada como indeseable.*

La mujer al hombre:

7 Hazme saber, oh tú a quien ama mi alma *[más profundo que meramente el amor físico]*, **dónde apacientas,** *[alimenta su rebaño de ovejas]*, **dónde sesteas al mediodía:** *[Ella le buscará donde él lleva a descansar a sus ovejas. Ella le encontrará para compartir la comida del mediodía.]* **pues, ¿por qué había de estar yo como errante junto a los rebaños de tus compañeros?** *Ella pide orientación para no acabar mezclando su rebaño con los rebaños de los demás pastores varones.*

El hombre a la mujer:

8 Si tú no lo sabes, *[donde está su rebaño]* **oh hermosa entre las mujeres, ve, sigue las huellas del rebaño** *[sigue el rastro de las ovejas]*, **y apacienta tus cabritas** *[Ella* *cuidaba de las crías también.]* **junto a las cabañas de los pastores.** *Ella debe buscar protección permaneciendo cerca de las tiendas. Él le da instrucciones con sentido común, cuidando de su bienestar y haciendo posible que ella pueda entrar en el lugar de trabajo de él sin ser molestada.*

9 A yegua de los carros de Faraón te he comparado, amiga mía. *[Bien criada, bien formada, vistosa, excitante]*

Damas, tal vez no sientan que pueden ser comparadas con una yegua de los carros de Faraón, suave, bien formada, vistosa, llena de vitalidad, pero cuando tu esposo está sexualmente estimulado, sus ojos le mienten, y él ve y siente como sentía Salomón.

10 Hermosas son tus mejillas entre los pendientes, tu cuello entre los collares. *Ella usa alhajas para resaltar su sensualidad. Las joyas son femeninas por naturaleza y tiende a enfatizar la delicadeza femenina.*

Hijas de Jerusalén:

11 Zarcillos de oro te haremos, tachonados de plata. *Cuando él manifestó haberse percatado de cómo se veía adornada de joyas (versículo 10), las vírgenes ofrecen ayudarla a preparar más adornos que atraigan a su hombre.*

La mujer a las hijas:

12 Mientras el rey estaba en su reclinatorio, mi nardo dio su olor. *El nardo en ocasiones se utilizaba en el cabello. Ella le atrae con su fragancia de aceites herbarios.*

13 Mi amado es para mí un manojito de mirra, *[Ella asocia el olor de él con el aceite aromático]* **que reposa entre mis pechos.** *Ella desea estar desnuda y lo más junto a él posible.*

14 Racimo de flores de alheña en las viñas de En-gadi *[un hermoso y refrescante manantial en el desierto].*

El hombre a la mujer:

15 He aquí que tú eres hermosa, amiga mía; he aquí eres bella; tus ojos son como palomas.

16 He aquí que tú eres hermoso, amado mío, y dulce; nuestro lecho es de flores. *La palabra hebrea para "flores" se usa en referencia a lo verde—las plantas con vida, a aquello que florece, a lo fresco, como el pasto debajo de un árbol.*

17 Las vigas de nuestra casa son de cedro, y de ciprés los artesonados. *Puesto que la cama es de aquello fresco y floreciente, podemos suponer que los artesonados son ramas de los árboles. Él apela a ella describiendo el lugar en el que harán el amor. Es al aire libre, sobre el pasto, debajo de los árboles. A ella le gusta la idea, pues en el siguiente versículo ella hace uso de esta misma analogía.*

Capítulo 2

La mujer al hombre:

1 Yo soy la rosa de Sarón, y el lirio de los valles. *El valle de Sarón era un lugar común para apacentar a las ovejas; abundaban las flores en la primavera. Con base en las sugerencias de él en 1:16-17 que su cama sería el pasto bajo los árboles, ella se identifica con las rosas y los lirios que crecen entre el pasto.*

El hombre a la mujer:

2 Como el lirio entre los espinos, así es mi amiga *[su novia]* **entre las doncellas** *[las hijas de Jerusalén]. Él concuerda con la analogía de ella. En el valle de Sarón también abun-*

daban los espinos. Comparadas con ella, todas las demás mujeres eran espinos. La rosa y el lirio, como se describe ella a sí misma en el versículo 1, son todavía más hermosas cuando crecen entre los espinos, como en el valle de Sarón.

La mujer a las hijas de Jerusalén:

3 Como el manzano entre los árboles silvestres, así es mi amado entre los jóvenes; *[Ella responde a la analogía que él utiliza en el versículo anterior. Ellos harán el amor sobre el pasto, bajo los árboles. Ella es el lirio que crece en la tierra, y él es el árbol bajo el cual crece el lirio].* **Bajo la sombra del deseado me senté, Y su fruto fue dulce a mi paladar.** *[Él era como un manzano, y ella estaba debajo de él comiendo de su fruto.]*

4 Me llevó a la casa del banquete, *[Ella llama a su retiro al aire libre la "casa del banquete"]* **y su bandera** *[un estandarte de identificación]* **sobre mí fue amor.** *[En lugar de las banderas que estarían ondeando sobre ellos en una verdadera casa de banquetes, al levantar ella la mirada, lo vería a él asomándose sobre ella, con los "artesonados" de árboles más allá.]*

5 Sustentadme *[mantenme ahí]* **con tortas de pasas** *[realmente recipientes de vino]*, **confortadme con manzanas;** *[Su mal de amores (su estado excitado) se verá satisfecho bebiendo y comiendo de su hombre. Ve los versículos 1,3]* **porque estoy enferma de amor.** *[Enferma de amor al punto de debilidad; sexualmente excitada de manera que no puede pensar en otra cosa.]*

6 Su izquierda esté debajo de mi cabeza, y su derecha me abrace. *[Después de la copulación, él duerme, como se ve en el siguiente versículo.]*

7 Yo os conjuro, oh doncellas de Jerusalén, por los corzos y por las ciervas del campo, que no despertéis ni hagáis velar al amor, hasta que quiera. *Ella lo abraza con suavidad contra sus pechos sin perturbarlo hasta que termine de dormir.*

Escena 2

Este es el drama de su separación.

La mujer a las hijas de Jerusalén:

Esta es una nueva sección habiendo terminado de hacer el amor en el 2:5, la historia se vuelve un drama donde él trata de llevarla hacia otra experiencia de hacer el amor en el campo al aire libre. Él se encuentra lejos en los montes del Líbano, cuidando de sus ovejas; es otra vez primavera y ella sueña con él.

8 ¡La voz de mi amado! He aquí él viene saltando sobre los montes, brincando sobre los collados. *Esta es la manera en que un hombre regresa a casa a una esposa dispuesta.*

9 Mi amado es semejante al corzo, o al cervatillo. Helo aquí, está tras nuestra pared, mirando por las ventanas, atisbando por las celosías. *Él está allí para llamarla fuera para que venga con él a otra vivencia de hacer el amor al aire libre.*

10 Mi amado habló, y me dijo:

El hombre a la mujer:

Levántate, oh amiga mía, hermosa mía, y ven.

11 Porque he aquí ha pasado el invierno, se ha mudado, la lluvia se fue;

12 Se han mostrado las flores en la tierra, el tiempo de la canción ha venido, y en nuestro país se ha oído la voz de la tórtola.

13 La higuera ha echado sus higos, y las vides en cierne dieron olor; *[Esto reconoce la asociación entre las fragancias y el apetito sexual.]* **Levántate, oh amiga mía, hermosa mía, y ven.** *Él desea que ella disfrute la maravilla de la primavera con todas las fragancias y cosas que ver que la acompañan. El aspecto sensual de la naturaleza impulsa al hombre y a la mujer al compañerismo. Él no va con ella sino que ella va con él.*

14 Paloma mía *[la mujer es la paloma]*, **que estás en los agujeros de la peña, en lo escondido de escarpados parajes,** *[un empinado y serpenteante sendero. Él se la está imaginando en el paisaje que le rodea]* **muéstrame tu rostro, hazme oír tu voz; porque dulce es la voz tuya, y hermoso tu aspecto** *[ella tiene un rostro y aspecto agradable]*.

15 Cazadnos *[tomar con firmeza, capturar o atrapar]* **las zorras, las zorras pequeñas, que echan a perder las viñas; porque nuestras viñas están en cierne.** *Puesto que ella está siendo comparada con una viña, las enredaderas las representarían a ellas. Las zorras comen uvas. Las zorras grandes fácilmente pueden ser mantenidas fuera con una buena cerca, pero las zorras pequeñas, que parecen menos importantes, pueden colarse por entre los pequeños huecos. Asimismo, son las cosas pequeñas en un matrimonio que pueden echar a perder la relación tierna y delicada. De manera que él le promete estar en guardia contra todas esas cosas.*

La mujer al hombre:

16 Mi amado es mío, y yo suya; él apacienta *[esta palabra se usa cuando se alimenta a las ovejas.]* **entre lirios.**

Ella es como los lirios (2:1). Su "apacentar" es metafórico del cuerpo de ella, pues, las ovejas no se alimentan de noche (versículo 17).

17 Hasta que apunte el día, y huyan las sombras, vuélvete *[para regresar]*, **amado mío; sé semejante al corzo, o como el cervatillo sobre los montes de Beter.** *Que vaya prontamente a ella.*

Capítulo 3

La mujer a las hijas de Jerusalén:

1 Por las noches busqué en mi lecho al que ama mi alma; lo busqué, y no lo hallé.

2 Y dije: Me levantaré ahora, y rodearé por la ciudad; por las calles y por las plazas buscaré al que ama mi alma; lo busqué, y no lo hallé.

3 Me hallaron los guardas que rondan la ciudad, y les dije: ¿Habéis visto al que ama mi alma?

4 Apenas hube pasado de ellos un poco, hallé luego al que ama mi alma; lo así, y no lo dejé *[persistente]*, **hasta que lo metí en casa de mi madre, y en la cámara de la que me dio a luz.** *Ella era arrojada y no tenía reparo para tomar la iniciativa en hacer el amor.*

5 Yo os conjuro, oh doncellas de Jerusalén, por los corzos y por las ciervas del campo, que no despertéis ni hagáis velar al amor, hasta que quiera. *Ella despertó durante la noche con una pasión por acostarse junto a su marido, así que salió y lo buscó hasta que lo trajo de regreso a la casa. Él ahora duerme el resto de la noche.*

Escena 3

Hasta ahora, la pareja podía haber sido un par de humildes pastores, pero el cantar en este momento toma una perspectiva real.

Las hijas de Jerusalén unas a otras:

6 ¿Quién es ésta que sube del desierto como columna de humo, sahumada de mirra y de incienso y de todo polvo aromático? *(Nota del traductor: En la versión en inglés el sujeto es masculino en este versículo) Él llega precipitadamente a la casa, destilando poder. Se ha ungido a sí mismo con los olores naturales del campo para despertar los impulsos sexuales de ella. Su meta es la cama—siguiente versículo.*

7 He aquí es la litera de Salomón; sesenta valientes la rodean, de los fuertes de Israel.

8 Todos ellos tienen espadas, diestros en la guerra; cada uno su espada sobre su muslo, por los temores de la noche. *Las mujeres se regocijan por las proezas físicas de él.*

9 El rey Salomón se hizo una carroza de madera del Líbano.

10 Hizo sus columnas de plata, su respaldo de oro, su asiento de grana, su interior recamado de amor por las doncellas de Jerusalén. *Ellas se jactan del poder de él y de la belleza de la cama en la que hace el amor y de la carroza que monta.*

La novia a las hijas de Jerusalén:

11 Salid, oh doncellas de Sión, y ved al rey Salomón con la corona con que le coronó su madre en el día de su desposorio *[Aparentemente su madre, Betsabé, colocó la* *corona en su cabeza en el mismo día en que se casó con la mujer de este cantar.]*, **y el día del gozo de su corazón.** *Ella les recuerda la posición de su marido y las envía a darle la bienvenida en su regreso majestuoso. Ella se siente orgullosa de él y se jacta ante las demás mujeres.*

Capítulo 4

El hombre a la mujer:

1 He aquí que tú eres hermosa, amiga mía; he aquí que tú eres hermosa; tus ojos entre tus guedejas como de paloma *[Su cabello está alrededor de su rostro y le enmarca los ojos.];* **tus cabellos como manada de cabras que se recuestan en las laderas de Galaad.** *Una manada de cabras que baja de la montaña se ve como una hilera que se va ensanchando, como el cabello largo de una mujer se derrama sobre sus hombros.*

2 Tus dientes como manadas de ovejas trasquiladas *[parejos]*, **que suben del lavadero** *[muy blancos]*, **todas con crías gemelas, y ninguna entre ellas estéril** *[no le faltan dientes].*

3 Tus labios como hilo de grana, y tu habla hermosa *[sus palabras son provechosas y sanas]*; **tus mejillas, como cachos de granada** *[sonrojadas]* **detrás de tu velo.**

4 Tu cuello, como la torre de David, edificada para armería *[firme y bruñido]*; **mil escudos están colgados en ella, todos escudos de valientes** *[apariencia de fuerza en su cuello].*

5 Tus dos pechos, como gemelos de gacela, que se apacientan entre lirios *[serenos, nobles, sanos; pulsando con cada aliento].*

6 Hasta que apunte el día y huyan las sombras, me iré al monte de la mirra, y al collado del incienso *[Habla de amor a altas horas de la noche. Ella es una mirra para él (4:14; 5:1, 4). Ella es incienso para él (4:14)].*

7 Toda tú eres hermosa, amiga mía, y en ti no hay mancha *[ninguna mancha moral].*

8 Ven conmigo desde el Líbano, oh esposa mía; ven conmigo desde el Líbano. Mira desde la cumbre de Amana, desde la cumbre de Senir y de Hermón *[montañas en Líbano]*, **desde las guaridas de los leones** *[elevadas e inaccesibles]*, **desde los montes de los leopardos.** *Él la invita a acompañarlo a las montañas, a lugares encumbrados y serenos. Él compartiría con ella la belleza de la tierra en las alturas. Los hombres tienden a asociar la belleza y quietud de la naturaleza con lo romántico. El hombre quiere compartir su aprecio por la naturaleza con su esposa. ¿De qué mejor manera que llevándola al lugar que él tanto ama?*

9 Prendiste mi corazón *[ella lo excita hasta la distracción]*, **hermana esposa mía** *[ella es su esposa]*; **has apresado mi corazón con uno de tus ojos** *[los ojos de la mujer tienen grandes poderes seductores]*, **con una gargantilla de tu cuello.** *Las alhajas proyectan femineidad y sensualidad.*

10 ¡Cuán hermosos son tus amores, hermana, esposa mía! *[Ella es su esposa]* **¡Cuánto mejores que el vino tus amores** *[En vez de llevarlo a tomar, lo lleva a ella misma.]*, **y el olor de tus ungüentos que todas las especias aromáticas!** *Él asocia el aroma de ella con las especies culinarias.*

11 Como panal de miel destilan tus labios *[Cuando una mujer está sexualmente excitada, sus labios se tornan húmedos y de un color rosa fogoso, incitando y atrayendo al hombre. Por esta razón, las mujeres se pintan los labios y* *se enrojecen las mejillas, para parecer sexualmente excita-das.]*, **oh esposa; miel y leche hay debajo de tu lengua** *[ellos ensayan los besos profundos]*; **y el olor de tus vesti-dos como el olor del Líbano.** *Él olor de ella le recuerda al hombre la pureza del campo.*

12 Huerto cerrado eres, hermana mía, esposa mía; fuen-te cerrada, fuente sellada. *Él la compara con un huerto privado, lleno de flores y frutas, con un manantial de agua pura, cerrado e incontaminado como una virgen.*

13 Tus renuevos *[Ella es un huerto, entonces tiene plan-tas—las partes de su cuerpo.]* **son paraíso de granados, con frutos suaves, de flores de alheña y nardos;**

14 Nardo y azafrán, caña aromática y canela, con todos los árboles de incienso; mirra y áloes, con todas las principales especias aromáticas. *Los investigadores han descubierto que la canela y otras especias culinarias despiertan los sentidos sexuales del hombre, mientras que los perfumes artificiales disminuyen su impulso sexual. Todas las especias menciona-das arriba provienen del "huerto" que es su cuerpo.*

15 Fuente de huertos, pozo de aguas vivas, que corren del Líbano. *Ella no es agua estancada sino agua viva, que fluye, viva, efervescente y refrescante.*

La mujer al hombre:

16 Levántate, Aquilón, y ven, Austro; soplad en mi huerto *[Él acaba de decir que ella es un huerto en el versí-culo12]*, **despréndanse sus aromas.** *[Ella promete que su cuerpo fluirá con sus jugos naturales en preparación para su hombre.]* **Venga mi amado a su huerto, y coma de su dulce fruta.** *El huerto es su cuerpo, y la dulce fruta son los placeres eróticos que ella ofrece.*

Capítulo 5

El hombre a la mujer:

1 Yo vine a mi huerto, oh hermana, esposa mía; he recogido mi mirra y mis aromas *(4:13)*; **he comido mi panal** *[los labios de ella, (4:11]* **y mi miel** *[miel y leche hay debajo de su lengua, 4:11]* **mi vino y mi leche he bebido.** *(4:11). Han participado en estimulación erótica previa y han copulado.*

El hombre a una concurrencia general

Comed, amigos; bebed en abundancia, *[Beban del cuerpo de su esposa, porque ella es un manantial y una fuente (4:12.)]* **oh amados.** *Se vuelve a la audiencia y les exhorta a disfrutar abundantemente de los placeres eróticos como él lo ha hecho.*

Escena 4

Lo siguiente es una crisis en el drama de hacer el amor.

La mujer cuenta su experiencia a la concurrencia:

2 Yo dormía, pero mi corazón velaba. Es la voz de mi amado que llama: *[Estando medio dormida, lo oye que está tocando a la puerta.]*

El hombre le dice a la mujer:

Ábreme, hermana mía, amiga mía, paloma mía, perfecta mía, porque mi cabeza está llena de rocío, mis cabellos de las gotas de la noche. *Él ha venido a ella de noche y está mojado por el rocío.*

La mujer habla con su hombre:

3 Me he desnudado de mi ropa; ¿cómo me he de vestir? He lavado mis pies; ¿cómo los he de ensuciar? *Ella no quería ser incomodada, así que le dice que no es un buen momento.*

La mujer relata a las hijas de Jerusalén:

4 Mi amado metió su mano por la ventanilla *[Él trató de abrir la puerta]*, **y mi corazón se conmovió dentro de mí.** *Ella se excitó sexualmente ante la insistencia de él por tenerla.*

5 Yo me levanté para abrir a mi amado, y mis manos gotearon mirra, y mis dedos mirra, que corría sobre la manecilla del cerrojo. *Ella está ahora lista para tenerle. Sus jugos están fluyendo.*

6 Abrí yo a mi amado; pero mi amado se había ido *[Su respuesta fue muy lenta y él ya se ha ido]*, **había ya pasado; y tras su hablar salió mi alma** *[ella recuerda]*. **Lo busqué, y no lo hallé; lo llamé, y no me respondió.** *Ella se esperó hasta estar excitada antes de aceptar incomodarse. Si hubiera respondido a la necesidad de él, la siguiente tragedia no hubiera ocurrido.*

7 Me hallaron los guardas que rondan la ciudad; me golpearon, me hirieron; me quitaron mi manto de encima los guardas de los muros. *Cuando ella lo rehusó, se salió de debajo de su autoridad como cabeza, lo que la llevó a lugares donde fue sujeta de ataques.*

8 Yo os conjuro, oh doncellas de Jerusalén, si halláis a mi amado, que le hagáis saber que estoy enferma de amor. *Ella está bastante excitada sexualmente.*

Las hijas de Jerusalén le preguntan a la mujer:

9 ¿Qué es tu amado más que otro amado, oh la más hermosa de todas las mujeres? ¿Qué es tu amado más que otro amado, que así nos conjuras? *Las hijas de Jerusalén hacen una pregunta retórica diseñada para darle oportunidad de ensalzar a su amado: "¿Por qué es tan especial este hombre?"*

La mujer responde a las hijas de Jerusalén describiendo sus características físicas:

10 Mi amado es blanco y rubio *[rojizo]*, señalado entre diez mil. *Ella está segura que es el mejor entre 10,000 hombres.*

11 Su cabeza como oro finísimo; sus cabellos crespos, negros como el cuervo *[cabello negro, espeso y ligeramente ondulado]*.

12 Sus ojos, como palomas junto a los arroyos de las aguas, que se lavan con leche, y a la perfección colocados.

13 Sus mejillas, como una era de especias aromáticas, como fragantes flores; sus labios, como lirios que destilan mirra fragante. *Ella es atraída a sus labios. El texto revela la analogía entre el cuerpo y las varias deliciosas frutas y especias aromáticas.*

14 Sus manos, como anillos de oro engastados de jacintos *[una piedra preciosa, verde mar]*; su cuerpo, como claro marfil cubierto de zafiros. *Ella es atraída a su vientre y admira las piedras azules transparentes que lo adornan. Levítico 21:20 y Deuteronomio 23:1 en algunas versiones se refieren a los testículos del hombre como "piedras."*

15 Sus piernas, como columnas de mármol fundadas sobre basas de oro fino *[Ella admira la fuerza y hermosura de las piernas de su hombre]*; su aspecto como el Líbano, escogido como los cedros. *Es su cuerpo lo que más la cautiva, pero también aprecia su aspecto.*

16 Su paladar, dulcísimo *[una vez más ella es atraída a su boca]*, y todo él codiciable *[Su respuesta revela su preocupación por su cuerpo. Es como si lo estuviera adorando.]*. Tal es mi amado, tal es mi amigo *[Él es más que su amante. Él ha llegado a ser su amigo.]*, oh doncellas de Jerusalén. *Ella nunca habla despectivamente de su esposo ante otras mujeres.*

Capítulo 6

Las hijas de Jerusalén le preguntan a la mujer:

Ellas debieron de haber quedado satisfechas con su respuesta de porqué es él tan especial para ella, pues, ahora están listas para ayudarle en su búsqueda.

1 ¿A dónde se ha ido tu amado, oh la más hermosa de todas las mujeres? ¿A dónde se apartó tu amado, y lo buscaremos contigo?

La mujer responde a las hijas:

2 Mi amado descendió a su huerto *[Ella es su huerto 4:12]*, a las eras de las especias *[Ella es las especias 4:13-14, 16]*, para apacentar en los huertos, y para recoger los lirios.

3 Yo soy de mi amado, y mi amado es mío; él apacienta entre los lirios. *Ella es los lirios (2:1). Esto es metafórico del juego sexual que es preludio del acto sexual.*

El hombre a la mujer:

4 Hermosa eres tú, oh amiga mía, como Tirsa *[Una hermosa ciudad que en un tiempo rivalizaba con Jerusalén como la capital]*; **de desear, como Jerusalén; imponente como ejércitos en orden.**

5 Aparta tus ojos de delante de mí, porque ellos me vencieron *[Los ojos de la mujer tienen grandes poderes seductores]*. **Tu cabello es como manada de cabras que se recuestan en las laderas de Galaad.**

6 Tus dientes, como manadas de ovejas que suben del lavadero, todas con crías gemelas, y estéril no hay entre ellas.

7 Como cachos de granada son tus mejillas detrás de tu velo. *[Su cabello no está estirado hacia atrás de sus sienes.]*

El hombre a la concurrencia:

8 Sesenta son las reinas, y ochenta las concubinas, y las doncellas sin número;

9 Mas una es la paloma mía, la perfecta mía; es la única de su madre *[indicando que sus hermanas no eran de la misma madre]*, **la escogida de la que la dio a luz. La vieron las doncellas, y la llamaron bienaventurada; las reinas y las concubinas, y la alabaron.** *Ella se ganó la alabanza de las demás mujeres.*

Las hijas de Jerusalén:

Este es un seguimiento que se hace a la declaración anterior en que las hijas la bendijeron y alabaron.

10 ¿Quién es ésta que se muestra como el alba *[fresca, limpia, con ojos brillantes]*, **hermosa como la luna, esclarecida como el sol** *[abierta y transparente]*, **imponente como ejércitos en orden?** *Ella tiene presencia.*

La mujer a las hijas:

Ella lo ha estado buscando, pero ha ido al huerto y ahí se encuentra, cuando él regresa.

11 Al huerto de los nogales descendí a ver los frutos del valle, y para ver si brotaban las vides, si florecían los granados. *Es ella la que decide ir al huerto, pues en el versículo 13, las hijas de Jerusalén le ruegan que regrese.*

12 Antes que lo supiera *[Antes que supiera que él la estaba buscando para invitarla a ir de excursión al campo 7:11]*, **mi alma me puso entre los carros de Aminadab** *[para venir prontamente aun antes de haber oído que él la buscaba]. Ella fue motivada por su intuición a apresurar su regreso. Las mujeres llegan a desarrollar una percepción extra sensorial respecto a sus maridos.*

Las hijas de Jerusalén a la mujer:

13 Vuélvete, vuélvete, oh sulamita *[Se le llama por el nombre del pueblo insignificante del cual salió, como para resaltar los grandes logros que ha alcanzado que hasta el mismo rey la busca.]*; **vuélvete, vuélvete, y te miraremos.** *Ellas la verían de nuevo a través de los ojos de él.*

Las hijas de Jerusalén al hombre:

¿Qué veréis en la sulamita? Algo como la reunión de dos campamentos. Él habló de ella como de un ejercito (6:10). *Después de haber escuchado la magnífica descripción que él hace de ella, las hijas de Jerusalén la quieren ver de nuevo a la luz de las alabanzas de él. Cuando un hombre manifiesta en público su alta estima por su mujer hace que ella también sea elevada ante los ojos de otros.*

Capítulo 7

El hombre a la mujer:

Él está respondiendo a 6:13b diciendo lo que él ve en la sulamita.

1 ¡Cuán hermosos son tus pies en las sandalias, oh hija de príncipe! *Los contornos de tus muslos [La palabra hebrea traducida "muslos" significa "ser suave," y se refiere a la parte externa de las caderas donde las piernas se juntan con el torso. Nosotros llamamos a eso las caderas.]* **son como joyas, obra de mano de excelente maestro.** *Él es atraído a sus suaves y bien formadas caderas.*

2 Tu ombligo como una taza redonda que no le falta bebida. Tu vientre *[la parte debajo del ombligo]* **como montón de trigo** *[dorado—bueno para comer]* **cercado de lirios** *[bello púbico].*

La palabra hebrea "beten," traducida aquí como "vientre," se encuentra 72 veces en el A. T. y se traduce como vientre 30 veces, matriz 31 veces, cuerpo 8 veces, dentro de 2 veces, y nacido 1 vez.

3 Tus dos pechos, como gemelos de gacela. *Ver 4:5.*

4 Tu cuello, como torre de marfil; tus ojos, como los estanques de Hesbón junto a la puerta de Bat-rabim; tu nariz, como la torre del Líbano, que mira hacia Damasco. *Aparentemente él consideraba una nariz fuerte y distintiva como algo bastante atractivo.*

5 Tu cabeza encima de ti, como el Carmelo *[una enorme montaña que se ve desde el mar de Galilea]*; **y el cabello de tu cabeza, como la púrpura del rey suspendida en los corredores.** *[Él está cautivado con mirarla].*

6 ¡Qué hermosa eres, y cuán suave, oh amor deleitoso!

7 Tu estatura es semejante a la palmera, y tus pechos a los racimos.

8 Yo dije: Subiré a la palmera *[su torso]*, asiré sus ramas *[sus extremidades]*. **Deja que tus pechos sean como racimos de vid** *[se comerá sus pechos como uno come uvas]*, **y el olor de tu boca como de manzanas,**

9 Y tu paladar *[besos profundos]* **como el buen vino, que se entra a mi amado suavemente, y hace hablar los labios de los viejos.** *Ella es embriagadora, causando que él hable en sus sueños.*

La mujer a las hijas:

Ella responde a lo que él dijo arriba respecto a porque es tan especial.

10 Yo soy de mi amado, y conmigo tiene su contentamiento. *Ella se deleita en la pasión que él tiene por su cuerpo y lo utiliza para atraerlo.*

La mujer al hombre:

11 Ven, oh amado mío, salgamos al campo *[traducido campo, agreste, y salvaje]*, **moremos en las aldeas.** *Ella desea salir a una romántica excursión con él en el campo.*

12 Levantémonos de mañana a las viñas *[Ella se ha definido a sí misma como una viña, también él. 1:6; 7:7]*; **veamos si brotan las vides, si están en cierne** *[sus pechos]*, **si han florecido los granados** *[sus sienes ruborizadas por la pasión]*; **allí te daré mis amores.** *Hacen el amor al aire libre en el huerto.*

13 Las mandrágoras *[usadas como afrodisíaco]* **han dado olor, y a nuestras puertas hay toda suerte de dulces frutas** *[aspectos de sus cuerpos]*, **nuevas** *[también traducida "cosa nueva"]* **y añejas, que para ti, oh amado mío, he guardado.** *Ella está preparada para utilizar viejas* *técnicas de estimulación erótica y también ha desarrollado algo nuevo para él. Ella se está asegurando de que su vida amorosa no se vuelva aburrida.*

Capítulo 8

La mujer al hombre:

1 ¡Oh, si tú fueras como un hermano mío que mamó los pechos de mi madre! Entonces, hallándote fuera, te besaría, y no me menospreciarían. *Ella desea que él esté tan cerca de ella como su hermanito pequeño estaba de su madre, siempre cerca, mamando sus pechos. Para ella es placentero comparar su intimidad con la intimidad de un bebé y su madre.*

2 Yo te llevaría, te metería en casa de mi madre; tú me enseñarías *[Su madre le instruía con respecto al sexo]*, **y yo te haría beber vino adobado del mosto de mis granadas** *[no de cualquier granada, sino metafóricamente de los frutos de su cuerpo—4:12].*

La mujer a las hijas de Jerusalén:

3 Su izquierda esté debajo de mi cabeza, y su derecha *[Ella está soñando en su ausencia]* **me abrace.** *[Cuando esté dormido; vea el siguiente versículo.]* Esta no es su posición para juegos sexuales. En ambas ocasiones en que se menciona esta posición él está dormido.

4 Os conjuro, oh doncellas de Jerusalén, que no despertéis ni hagáis velar al amor, hasta que quiera. *Es la ternura de ella después de haber copulado que la hace instintivamente protegerlo con un abrazo y cuidar de su privacidad mientras él duerme.*

El padre de la mujer:

El padre de ella los ve acercarse. Cuando se cantaba este estribillo se hacía con vigor, en forma poderosa, con júbilo y celebración.

5 ¿Quién es ésta que sube del desierto, recostada sobre su amado? *[Su padre los ve venir del campo donde han hecho el amor y pasaron la noche.]* **Debajo de un manzano te desperté; allí tuvo tu madre dolores, allí tuvo dolores la que te dio a luz.** *Su padre la crió bajo el mismo manzano donde ella nació. Esto explica su afinidad por el manzano y porque es tan precioso para ella como para usarlo como analogía de su marido.*

6 Ponme como un sello sobre tu corazón, como una marca sobre tu brazo *[Su padre la desafía a aceptar su instrucción—probablemente en asuntos de la vida matrimonial—y metafóricamente lo compara con un sello de las santas escrituras que los judíos se ponían sobre los brazos, cerca de su corazón.]*; **porque fuerte es como la muerte el amor; duros como el Seol los celos; sus brasas, brasas de fuego, fuerte llama.** *Él le advierte a ella que permanezca en amor y que no permita que el fuego de los celos destruya su matrimonio.*

7 Las muchas aguas no podrán apagar el amor, ni lo ahogarán los ríos *[El amor marital es la fuerza más poderosa y consumidora sobre el planeta.]*. **Si diese el hombre todos los bienes de su casa por este amor, de cierto lo menospreciarían** *[despreciado]*. *El amor no puede comprarse.*

Escena 5

Lo que sus hermanos decían de la mujer cuando ésta era joven:

Después de su éxito en el amor, ahora el canto se regocija por su triunfo sobre críticas anteriores hechas por sus hermanastros. Esto también es una celebración.

8 Tenemos una pequeña hermana, que no tiene pechos. ¿Qué haremos a nuestra hermana cuando de ella se hablare? *[O estaban preocupados o se estaban burlando por su desarrollo tardío.]*

9 Si ella es muro, edificaremos sobre él un palacio de plata *[Si ella permaneciera plana de pechos, ellos lo compensarían con decoraciones de plata]*; **si fuere puerta, la guarneceremos con tablas de cedro.** *Una simple puerta puede verse atractiva si se le colocan marcos y adornos decorativos.*

La mujer a la concurrencia:

Ella se jacta de su eventual desarrollo—senos llenos.

10 Yo soy muro, y mis pechos como torres, desde que fui en sus ojos como la que halla paz. *Ella halló favor o paz debido a sus protuberantes senos.*

11 Salomón tuvo *["tuvo"—tiempo pasado; ella está contando una historia del pasado de él]* **una viña en Baalhamón, la cual entregó a guardas, cada uno de los cuales debía traer mil monedas de plata por su fruto.** *Ella menciona un hecho respecto a una viña muy rica. Donde se esperaba que cada trabajador produjera un rendimiento equivalente a 1000 piezas de plata para Salomón.*

12 Mi viña, que es mía, está delante de mí *[su cuerpo (1:6)]*; **las mil serán tuyas, oh Salomón, y doscientas para los que guardan su fruto.** *La viña había de producir 1,200 piezas de plata y los trabajadores recibirían una sexta parte, 200, mientras que el dueño, Salomón, recibiría 1,000. Ella le ofrece metafóricamente su huerto en contraste con la anterior viña que le pagaba tan bien. Salomón era el guardián de la viña de ella [su cuerpo], y por tanto debía cosechar el beneficio de ella.*

La mujer al hombre:

13 Oh, tú que habitas en los huertos, los compañeros escuchan tu voz; házmela oír. *Sus compañeros de labor tienen el privilegio de oír su voz. Ella desea lo mismo, ofreciéndole una mejor viña.*

14 Apresúrate, amado mío, y sé semejante al corzo, o al cervatillo, sobre las montañas de los aromas. *Ella desea ardientemente su pronto retorno a la montaña de aromas— su cuerpo.*

Examinemos Algunos Textos Adicionales

En el principio creó Dios el sexo

Dios en un principio **"varón y hembra los creó"** *(Génesis 1:27)*. Piensa en esto. Fue idea de Dios hacer su creación con contrapartes sexuales con todo lo que esto implica. Él dijo que el hombre se **"unirá"** a su mujer, y se fusionarán en una sola carne. Cuando una pareja se une sexualmente, se nos dice que es Dios quien los ha **unido** *(Mateo 19:6)*.

Dios se deleita en ver a las personas experimentar la consumación del matrimonio, de manera que **"El que halla esposa halla el bien, y alcanza la benevolencia de Jehová"** *(Proverbios 18:22)*. Si uno alcanza la benevolencia de Dios por casarse, entonces el matrimonio es un estado más elevado que el celibato. **"...Mas de Jehová la mujer prudente"** *(Proverbios 19:14)*.

El uso pecaminoso del impulso sexual no ha manchado al concepto mismo, pues leemos que **"honroso sea en todos el matrimonio y el lecho sin mancilla"** *(Hebreos 13:4)*.

"Tres cosas me son ocultas; aun tampoco sé la cuarta: El rastro del águila en el aire; el rastro de la culebra sobre la peña; el rastro de la nave en medio del mar; y el rastro del hombre en la doncella" *(Proverbios 30:18-19)*. La cuarta cosa: *"el rastro del hombre en la doncella;"* era tan maravilloso de contemplar que sobrepasaba el entendimiento del hombre.

La novia de Dios

La Biblia revela la actitud de Dios respecto al sexo, pues cuando Dios quería que la nación de Israel entendiera como se sentía Él respecto de ellos, escogió el matrimonio para su analogía. Hablando como el novio comprometido a casarse, dice a la nación de Israel: **"Y te desposaré conmigo en fidelidad, y conocerás a Jehová"** *(Oseas 2:20)*. La percepción de Dios de la santidad del amor matrimonial lo llevó a decir a Israel: **"...como el gozo del esposo con la esposa, así se gozará contigo el Dios tuyo"** *(Isaías 62:5)*.

Por medio del profeta Jeremías, Dios recordó a Israel de su anterior cortejo cuando la nación lo amaba y lo buscaba como una novia busca a su marido: **"...Me he acordado de ti, de la fidelidad de tu juventud, del amor de tu desposorio, cuando andabas en pos de mí en el desierto..."** *(Jeremías 2:2)*.

El profeta Isaías le recuerda a Israel: **<u>"Porque tu marido es tu Hacedor;</u> Jehová de los ejércitos es su nombre; y tu Redentor, el Santo de Israel; Dios de toda la tierra será llamado. Porque como a mujer abandonada y triste de espíritu te llamó Jehová, y como a la esposa de la juventud que es repudiada, dijo el Dios tuyo"** *(Isaías 54:5-6)*.

Cuando Israel se fue tras dioses extraños, Dios lo llamó adulterio y ordenó: **"Convertíos, hijos rebeldes, dice Jehová, <u>porque yo soy vuestro esposo;</u> y os tomaré uno de cada ciudad, y dos de cada familia, y os introduciré en Sión"** *(Jeremías 3:14)*.

En otra ocasión Jeremías cita a Dios diciendo: **"<u>...aunque fui yo un marido</u> para ellos, dice Jehová"** *(Jeremías 31:32)*.

Dios lleva a la novia a su cama

Cuando Israel le dio la espalda a su "esposo" para adorar ídolos, Dios le envió palabra por medio del profeta Ezequiel, llamándolo al arrepentimiento. Dios se comparó a sí mismo con un hombre que encuentra una niña recién nacida, desechada y abandonada, a la cual cría hasta que tiene edad de ser su esposa. En la analogía, el hombre, quien tipifica a Dios, es atraído por el cuerpo maduro de la mujer y la lleva a su cama nupcial.

Ezequiel 16:1-14

1 Vino a mí palabra de Jehová, diciendo:

2 Hijo de hombre, notifica a Jerusalén sus abominaciones,

3 y di: "Así ha dicho Jehová el Señor sobre Jerusalén: Tu origen, tu nacimiento, es de la tierra de Canaán; tu padre fue amorreo y tu madre hetea *[insultante]***.**

4 Y en cuanto a tu nacimiento, el día que naciste no fue cortado tu ombligo (cordón umbilical), ni fuiste lavada con aguas para limpiarte, ni salada con sal, ni fuiste envuelta con fajas (pañales).

5 No hubo ojo que se compadeciese de ti para hacerte algo de esto, teniendo de ti misericordia; sino que fuiste arrojada sobre la faz del campo, con menosprecio de tu vida, en el día que naciste.

6 Y yo pasé junto a ti, y te vi sucia en tus sangres, y cuando estabas en tus sangres te dije: '¡Vive!'. Sí, te dije, cuando estabas en tus sangres: '¡Vive!'.

7 Te hice multiplicar como la hierba del campo; y creciste y te hiciste grande, y llegaste a ser muy her-

mosa; <u>tus pechos se habían formado, y tu pelo había crecido; pero estabas desnuda y descubierta.</u>

8 Y pasé yo otra vez junto a ti, y te miré, <u>y he aquí que tu tiempo era tiempo de amores; y extendí mi manto sobre ti, y cubrí tu desnudez;</u> y te di juramento y entré en pacto contigo, dice Jehová, <u>el Señor, y fuiste mía.</u>

9 Te lavé con agua, <u>y lavé tus sangres de encima de ti, y te ungí con aceite;</u>

10 Y te vestí de bordado, te calcé de tejón, te ceñí de lino y te cubrí de seda.

11 Te atavié con adornos, y puse brazaletes en tus brazos y collar a tu cuello.

12 Puse joyas en tu nariz, y zarcillos en tus orejas y una hermosa diadema en tu cabeza.

13 Así fuiste adornada de oro y de plata, y tu vestido era de lino fino, seda y bordado; comiste flor de harina de trigo, miel y aceite; y fuiste hermoseada en extremo y prosperaste hasta llegar a reinar.

14 Y salió tu renombre entre las naciones a causa de tu hermosura, porque era perfecta, a causa de mi hermosura que yo puse sobre ti, dice Jehová, el Señor.

En el verso 8, Dios, hablando de sí mismo como un hombre que desea una mujer, dijo: **"tu tiempo era tiempo de amores; y extendí mi manto sobre ti, y cubrí tu desnudez."** Esta es la descripción de un hombre que se aparea con su nueva novia. Ella había sido una virgen, pues Dios dice que después de la copulación, le lavó su sangre y la ungió con aceite (verso 9). Al emplear esta analogía tan

gráfica, Dios le está recordando a Israel la deshonrosa reputación que tenía en un principio y de la santidad y pureza
a la que la ha llevado como nación.

Si te parece totalmente inapropiado que Dios se des-
criba a sí mismo como un esposo copulando con su mujer,
"Erráis, ignorando las Escrituras." Si piensas que el placer
erótico entre un hombre y su esposa está por debajo de la
santidad de Dios, que no es tan sublime y santo como lo es
la adoración más pura, estás desfasado y fuera de sincronía
con Dios, y tu conciencia necesita de la instrucción divina.
No dejes de leer ahora, por favor, continúa.

Jesús: el novio próximo a casarse

La totalidad del Salmo cuarenta y cinco está dedicado a
comparar el amor de Cristo y la Iglesia con el amor de un
hombre y una mujer. El texto inspirado lo llama: **"Canción
de amores."** Representa el amor de Cristo por su Iglesia en
imágenes semejantes a las usadas en el Cantar de los Cantares de Salomón. Los versos 6 y 7 se citan en Hebreos 1:8-9
como una profecía del Mesías. En el verso 11, a la novia se
le dice que el novio es su **Señor** y que ella **lo debe adorar**;
que es lo que esperaría hacer con Dios, no con David. El
verso 2 dice que el novio en este canto es **"el más hermoso
de los hijos de los hombres,"** indicando que es más que
un simple hombre. Y el verso 17 dice: **"te alabarán los
pueblos eternamente y para siempre."** En los versos 7 y
8 Dios habla con Dios. Es decir, Dios Padre habla con Dios
Hijo con respecto a la unción que ha de recibir.

Salmo 45

Canción de amores.

1 Rebosa mi corazón palabra buena; dirijo al rey mi canto; mi lengua es pluma de escribiente muy ligero.

2 Eres el más hermoso de los hijos de los hombres; la gracia se derramó en tus labios; por tanto, Dios te ha bendecido para siempre.

3 Ciñe tu espada sobre el muslo, oh valiente, con tu gloria y con tu majestad.

4 En tu gloria sé prosperado; cabalga sobre palabra de verdad, de humildad y de justicia, y tu diestra te enseñará cosas terribles.

5 Tus saetas agudas, con que caerán pueblos debajo de ti, penetrarán en el corazón de los enemigos del rey.

6 Tu trono, oh Dios, es eterno y para siempre; cetro de justicia es el cetro de tu reino.

7 Has amado la justicia y aborrecido la maldad; por tanto, te ungió Dios, el Dios tuyo, con óleo de alegría más que a tus compañeros. [Los versos 6-7 se citan en Hebreos 1:8-9.]

8 Mirra, áloe y casia exhalan todos tus vestidos; desde palacios de marfil te recrean.

9 Hijas de reyes están entre tus ilustres; está la reina a tu diestra con oro de Ofir.

10 Oye, hija, y mira, e inclina tu oído; olvida tu pueblo, y la casa de tu padre;

11 Y deseará el rey tu hermosura; e inclínate a él (otras versiones dicen adórale), porque él es tu señor.

12 Y las hijas de Tiro vendrán con presentes; implorarán tu favor los ricos del pueblo.

13 Toda gloriosa es la hija del rey en su morada; de brocado de oro es su vestido.

14 Con vestidos bordados será llevada al rey; vírgenes irán en pos de ella, compañeras suyas serán traídas a ti.

15 Serán traídas con alegría y gozo; entrarán en el palacio del rey.

16 En lugar de tus padres serán tus hijos, a quienes harás príncipes en toda la tierra.

17 Haré perpetua la memoria de tu nombre en todas las generaciones, por lo cual te alabarán los pueblos eternamente y para siempre.

Analogía del matrimonio

En el Nuevo Testamento, encontramos que la analogía del matrimonio se utiliza frecuentemente. **"El reino de los cielos es semejante a un rey que hizo fiesta de bodas a su hijo"** *(Mateo 22:2)*.

• Juan el Bautista se refirió a Jesús como el novio y se refirió a sí mismo como el amigo del novio (el mejor amigo del novio). **"El que tiene la esposa** *[la iglesia]***, es el esposo** *[Jesús]***; mas el amigo del esposo** [Juan]**, que está a su lado y le oye, se goza grandemente de la voz del esposo** *[la voz de Jesús]***; así pues, este mi gozo está cumplido"** *(Juan 3:29)*.

- El apóstol Pablo dijo que su ministerio era preparar a la novia de Cristo (en este caso la iglesia de Corinto) para el novio: **"Porque os celo con celo de Dios; pues os he desposado con un solo esposo, para presentaros como una virgen pura a Cristo"** *(2 Corintios 11:2)*.

- Jesús también utilizó la analogía del matrimonio en referencia a sí mismo. **"Jesús les dijo: ¿Acaso pueden los que están de bodas tener luto entre tanto que el esposo está con ellos? Pero vendrán días cuando el esposo les será quitado, y entonces ayunarán"** *(Mateo 9:15)*.

- En la epístola a los Efesios, Pablo dice que el esposo debe amar a su esposa, la mujer con la cual es una sola carne, de la misma manera en que Cristo ama a la Iglesia, con la cual Él es una sola carne. Enseguida nos dice que la unión de una sola carne de un hombre con su esposa y de Cristo con la Iglesia es un misterio.

Efesios 5:28-32

28 Así también los maridos deben amar a sus mujeres como a sus mismos cuerpos. El que ama a su mujer, a sí mismo se ama.

29 Porque nadie aborreció jamás a su propia carne, sino que la sustenta y la cuida, como también Cristo a la iglesia,

30 porque somos miembros de su cuerpo, de su carne y de sus huesos. *Así como un hombre y su esposa son una carne, así también la iglesia es la esposa de Cristo y una carne con Él.*

31 Por esto dejará el hombre a su padre y a su madre, y se unirá a su mujer, y los dos serán una sola carne.

32 Grande es este misterio; mas yo digo esto respecto de Cristo y de la iglesia. *La analogía más cercana a Cristo y la Iglesia es la unión sexual en una sola carne que ocurre en el matrimonio.*

• En el último libro de la Biblia, el apóstol Juan es transportado al futuro y ve la boda de Cristo con su Iglesia. A la Iglesia de le llama **su esposa.**

Apocalipsis 19:7-9

7 Gocémonos y alegrémonos y démosle gloria; porque han llegado las bodas del Cordero, y <u>su esposa</u> se ha preparado.

8 Y a ella se le ha concedido que se vista de lino fino, limpio y resplandeciente; porque el lino fino es las acciones justas de los santos.

9 Y el ángel me dijo: Escribe: Bienaventurados los que son llamados a la cena de las bodas del Cordero. Y me dijo: Estas son palabras verdaderas de Dios."

• Pablo dice a los creyentes que la salvación está encarnada o personificada en lo que él llama un matrimonio con Jesucristo. **"Así que, si en vida del marido se uniere a otro varón, será llamada adúltera; pero si su marido muriere, es libre de esa ley, de tal manera que si se uniere a otro marido, no será adúltera. Así también vosotros, hermanos míos, habéis muerto a la ley mediante el cuerpo de Cristo, para que seáis de otro, del que resucitó de los muertos, a fin de que llevemos fruto para Dios"** *(Romanos 7:3 y 4).*

• Al final de los tiempos, **"... yo Juan vi la santa ciudad, la nueva Jerusalén, descender del cielo, de Dios, dispuesta como una esposa ataviada para su marido"** *(Apocalipsis 21:2).*

• Después de que este mundo actual ha sido destruido y
ha comenzado el estado eterno, el ángel dice a Juan con respecto a la Iglesia, "**...Ven acá, yo te mostraré la desposa-
da, la esposa del Cordero**" *(Apocalipsis 21:9).* De manera
que en la eternidad la iglesia se relacionará con Dios como
una esposa lo hace con su marido.

• Y en el último capítulo de Apocalipsis, en el verso 17,
el Espíritu Santo se une a la Esposa para invitar a otros a
que estén con ellos por toda la eternidad.

En los primeros momentos de la eternidad, cuando el
novio (esposo) toma a la novia (esposa) y la lleva a su casa,
cuando inicia la luna de miel, la consumación del matrimonio será un orgasmo espiritual de gozo el cual su analogía
carnal vagamente puede vislumbrar.

La regeneración es asemejada a la repro-
ducción

La Biblia en todas partes describe la regeneración como
un "nacer de nuevo." Para que uno pueda nacer, primero
tiene que haber una concepción. La concepción es la unión
de dos realidades, el esperma y el óvulo, de esta unión una
nueva vida es concebida la cual comienza a crecer hasta
nacer. Pedro lo dijo claramente, "**siendo renacidos, no de
simiente corruptible, sino de incorruptible, por la palabra de Dios que vive y permanece para siempre**" *(1 Pedro 1:23).* El nacimiento natural ocurre cuando la simiente
corruptible (el esperma del hombre) fertiliza el óvulo de la
mujer. El nuevo nacimiento ocurre cuando la semilla incorruptible (la palabra de Dios) fertiliza el espíritu humano.

Al proceso de producir niños se le llama *engendrar*. La palabra *engendrar*, en sus diferentes formas, se utiliza 227 veces en la Biblia en frases como: **"y engendró hijos e hijas."** Santiago dice del nuevo nacimiento: **"Él, de su voluntad, <u>nos hizo nacer</u> por la palabra de verdad..."** *(Santiago 1:18).* Pedro habla de manera similar: **"Bendito el Dios y Padre de nuestro Señor Jesucristo, que según su grande misericordia nos hizo renacer para una esperanza viva, por la resurrección de Jesucristo de los muertos"** *(1 Pedro 1:3).*

Juan amplia el concepto con una alusión a la concepción natural cuando dice: **"Todo aquel que es nacido de Dios, no practica el pecado, porque <u>la simiente de Dios permanece en él</u>; y no puede pecar, porque es nacido de Dios"** *(1 Juan 3:9).* El creyente tiene el poder para vencer al pecado porque **la simiente** (así como la esperma que generó la vida), que es la palabra de Dios, permanece en él. Él es una nueva criatura, que ha sido renacida de un Padre Celestial.

Puesto que Dios compara las palabras de las Sagradas Escrituras con el esperma del hombre, parece ser que el proceso reproductivo humano fue creado a la imagen de realidades divinas.

Juan 3:3-7

3 Respondió Jesús y le dijo: De cierto, de cierto te digo, que el que no naciere de nuevo, no puede ver el reino de Dios.

4 Nicodemo le dijo: ¿Cómo puede un hombre nacer siendo viejo? ¿Puede acaso entrar por segunda vez en el vientre de su madre, y nacer?

5 Respondió Jesús: De cierto, de cierto te digo, que el que no naciere de agua (nacimiento natural) y del Espíritu, no puede entrar en el reino de Dios.

6 Lo que es nacido de la carne, carne es; y lo que es nacido del Espíritu, espíritu es.

7 No te maravilles de que te dije: Os es necesario nacer de nuevo.

Dos nacimientos, uno del agua y el otro del Espíritu. La carne da a luz carne, y el espíritu da a luz espíritu. Así como el nacimiento natural proviene del agua de la matriz, el nacimiento espiritual proviene del Espíritu. Esto nada tiene que ver con el bautismo en agua. El nacimiento natural es un asunto muy acuoso.

La persona recién nacida de nuevo es un **"niño recién nacido"** y se le dice que debe desear **"la leche espiritual no adulterada (de la palabra de Dios) para que por ella crezca para salvación"** *(1 Pedro 2:2).*

La Biblia dice en 1 Corintios 6:15-17, de aquellos que han nacido de nuevo, que **"vuestros cuerpos son miembros de Cristo"** y que el que **"se une al Señor, un espíritu es con Él."** Esta unidad con el cuerpo de Cristo mantiene la similitud con la unión carnal.

Cuando la iglesia de Galacia comenzó a apartarse de Cristo, Pablo utilizó la analogía del nacimiento para definir sus intenciones: **"Hijitos míos, por quienes vuelvo a sufrir dolores de parto, hasta que Cristo sea formado en vosotros"** *(Gálatas 4:19).*

La concepción virginal

Dios utilizó la concepción y el nacimiento natural para traer a Jesús al mundo. La Biblia habla de **un misterio**; de algo eclipsado en lo extraño y lo secreto. Pablo dijo que nadie argumentaría la grandeza de este misterio. **"E indiscutiblemente, grande es el misterio de la piedad: Dios fue manifestado en carne, justificado en el Espíritu, visto de los ángeles, predicado a los gentiles, creído en el mundo, recibido arriba en gloria."** *(1 Timoteo 3:16).* Dios, el espíritu eterno, la primera causa, el primer impulsor, ¡se hizo carne!

¿Acaso la ritualización eclesiástica de este evento te ha insensibilizado a su maravilla? Permíteme decirlo de otra manera: Dios se convirtió en un feto. O, para ser un poco más clínico, Dios se convirtió en 23 cromosomas humanos en un solo espermatozoide creado por Dios para fertilizar el óvulo de una joven virgen quien también portaba 23 cromosomas humanos. El esperma de Dios fertilizó el óvulo de la mujer y los cromosomas se combinaron para formar 46, la primera célula de un alma viviente que era tanto divina como humana. El Dios infinito y el hombre finito fusionados para llegar a ser una persona en la matriz de una virgen. ¡Verdaderamente un maravilloso misterio!

El gran milagro no fue que una virgen diera a luz, sino que una virgen pudo concebir a través de una inseminación divina. El ángel dijo a la virgen: **"Y ahora, concebirás en tu vientre, y darás a luz un hijo, y llamarás su nombre JESÚS"** *(Lucas 1:31).* La mayoría de las personas no se han atrevido a reflexionar en el hecho de que la Biblia lo llama **una concepción.** Es más fácil imaginar que Dios de alguna manera colocó un bebé perfecto en la matriz de la virgen, o que tomó posesión del alma de un bebé humano; ninguna de estás dos ideas son verdaderas. La concepción es un proceso natural humano en donde el esperma penetra en el óvulo y lo fertiliza. El ángel le dijo a José: **"...lo que en ella es engendrado, del Espíritu Santo es"** *(Mateo 1:20).*

Debemos tener en cuenta que Jesús era humano así como también era Dios. El proceso de concepción fue completamente natural con la excepción de que ella no fue penetrada. Ella no sintió nada. Cuando el ángel le dijo a María cuales eran las intenciones de Dios, María dijo al ángel: **"¿Cómo será esto? pues no conozco varón. Respondiendo el ángel, le dijo: El Espíritu Santo vendrá sobre ti, y el poder del Altísimo te cubrirá con su sombra; por lo cual también el Santo Ser que nacerá, será llamado Hijo de Dios"** *(Lucas 1:34-35)*. El Espíritu Santo la ensombreció como una nube envuelve la cima de una montaña o cubre un valle. Bajo esa cobertura sagrada, Dios secretamente colocó el esperma que portaba el alma del Hijo de Dios. ¡O maravilla de maravillas! Una mujer pecadora recibe la semilla sin pecado que santifica el producto de su vientre y concibe el alma del Dios/hombre.

Versículos adicionales respecto a la concepción virginal

- **"Pero cuando vino el cumplimiento del tiempo, Dios envió a su Hijo, <u>nacido de mujer</u>..."** *(Gálatas 4:4)*. La Biblia claramente declara que Jesús **<u>fue nacido de mujer</u>**, esto es, llego a ser un feto en la matriz de una mujer y se desarrolló naturalmente.

- **"Los cuales no son <u>engendrados</u> de sangre, ni de voluntad de carne, ni de voluntad de varón, <u>sino de Dios</u>. Y aquel Verbo <u>fue hecho carne</u>, y habitó entre nosotros (y vimos su gloria, gloria como del unigénito del Padre), lleno de gracia y de verdad"** *(Juan 1:13-14)*. El Verbo o la Palabra preexistente **fue hecho carne** por procesos naturales.

- **"Acerca de su Hijo, nuestro Señor Jesucristo, que <u>era</u> del <u>linaje de David</u> según <u>la carne</u>"** *(Romanos 1:3)*. El énfasis aquí es que Jesús **fue hecho** ser del **linaje** de David, de ese modo habilitándolo para el trono de David en cumplimiento de las profecías.

- "Y pondré enemistad entre ti y la mujer, y entre tu simiente y <u>la simiente suya</u>; ésta te herirá en la cabeza, y tú le herirás en el calcañar" *(Génesis 3:15)*. Jesús es llamado **la simiente** de la mujer; el fruto de su vientre.

Mirando la totalidad de los versículos vistos arriba en conjunto, queda claro que Dios está a gusto y se siente cómodo con la idea de la reproducción sexual.

¿Por qué escribir algo tan penoso?

Puede parecerte penoso a ti, pero no a la mayoría de las personas en el mundo; ciertamente no a este escritor. Te voy a hacer una pregunta: ¿Por qué no hablar del tema más importante para la humanidad? ¿No sería eso extraño, como si Dios tuviera pena de hablar de lo que Él mismo creó? ¿Habremos de ceder esta parte gloriosa de la creación de Dios al dominio sucio y morboso de Satanás? Aunque es verdad que los ministros y escritores cristianos tienden a evitar el tema, es tiempo de recuperar y retomar este sagrado terreno perdido.

¿Debe ser el sexo sólo para la reproducción?

El placer erótico surgió de la mente brillante, creativa y pura del Dios Santo. Dios nos creó para su placer, y Él creó el sexo para nuestro placer. Alguna alma culpable con una mente religiosa torcida ha dicho que el sexo es solamente para la procreación y no para el placer. Si ese fuera el caso, ¿cuál sería entonces el propósito de Dios cuando instaló este impulso vigoroso y poderoso en su creación? Seguramente Él podía haber hecho que la reproducción fuera mucho menos complicada. Sin placer o pasión de por medio, nunca habría fornicación, ni madres solteras, ni matrimonios deshechos. Cuando la pareja quisiera tener hijos, entonces se echarían a cuestas la realización de algún aburrido ritual de fertilización con deliberada frialdad y premeditación.

Es común entre los Amish (secta menonita) y aun entre la gente común la creencia de que el sexo es solamente para la reproducción. Nunca olvidaré la ocasión en que un anciano me arrinconó para advertirme que el sexo era solamente para producir niños. Él orgullosamente afirmaba que se había abstenido de relaciones sexuales con su esposa cuando ella pasó la edad de poder concebir hijos. Con anterioridad me había preguntado porqué esa pareja se peleaba tan vigorosamente. Él, obviamente, llevaba una carga o la estaba descargando donde no debía, lo que lo dejaba todo menos sosegado y afable.

No hace falta decir que me reí de su ridícula creencia y que me jacté de mis continuas habilidades. Posteriormente me enteré que su matrimonio había sido "obligado" debido al embarazo de ella. Su doctrina era apoyada por su sentimiento de culpa.

Muchas personas parecen pensar que Dios ciertamente inventó las herramientas, pero el diablo es quien las hizo divertidas. Alguien lo dijo de la siguiente manera: "Dios nos hizo británicos, pero el diablo nos hizo franceses."

Le ha parecido bien a Dios inspirar ocho capítulos enteros de deseos y satisfacciones eróticas para ser leídos por su pueblo, sin embargo no menciona nada en este cantar acerca de tener hijos. Sus mentes estaban en el placer personal, en ¡oler, tocar, probar y gustar el uno del otro!

El sexo no es más pecaminoso que el hablar. Claro que, la lengua es un mundo de maldad… inflama la rueda de la creación… ¿quién la puede domar? Esto se dice para llamar nuestra atención al abuso o mal uso de una cosa, no a su naturaleza inherente.

Exhortación al placer

El concepto de que el sexo es aceptable solamente si se está procurando concebir hijos, tiene su raíz en la idea de que el placer sexual es malvado. Es común escuchar a alguien describir un gran placer como, "pecaminosamente delicioso." Esto viene de la suposición de que si causa placer en extremo, debe ser pecaminoso. La convicción general es que una vida justa y recta es aburrida. Donde sea que prevalezca esta manera de pensar, se debe a que alguien ha permitido que Satanás sea quien defina las cosas.

El verdadero placer sexual (diseñado por Dios), a la vez que es altamente placentero, está en oposición al egoísmo, pues es en el acto de dar placer al cónyuge que uno mismo asciende al placer personal supremo.

Estoy de acuerdo que, si el sexo se reduce o limita a la autoestimulación, a un tipo de extensión de la masturbación, entonces uno sentiría, y debe sentir, que es sucio. Pero una pareja casada enamorada, entregada a la simplicidad de los deseos naturales, que busca gratificarse el uno al otro, esto es virtud y rectitud en todo el sentido de la palabra.

Proverbios 5:15-19

15 "Bebe el agua de tu misma cisterna, y los raudales de tu propio pozo.

16 ¿Se derramarán tus fuentes por las calles, y tus corrientes de aguas por las plazas?

17 Sean para ti solo, y no para los extraños contigo. *[Él está construyendo una analogía comparando a su esposa con una fuente de aguas privada.]*

18 Sea bendito tu manantial, y alégrate con la mujer de tu juventud,

19 Como cierva amada y graciosa gacela. Sus caricias (otras versiones: pechos) te satisfagan en todo tiempo, y en su amor recréate siempre."

El texto anima al hombre a beber del cuerpo de su mujer como bebería de las dulces aguas de su propia cisterna. La mujer fue comparada a una cisterna o noria (ambas son cerradas y quietas), de manera que en el verso 18 **"Sea bendito tu manantial,"** (una fuente es agua que mana a raudales) debe ser una metáfora de la descarga del hombre. El texto es una exhortación a una relación monógama.

La palabra **traducida** como recréate (v. 19) en los lenguajes originales se utiliza con mayor frecuencia en un contexto negativo. Tiene que ver con dejarse llevar, con estar absorto hasta la distracción, un apetito poderoso que se posesiona del alma. Dios ordena al hombre que se deje llevar con pasión por el cuerpo de su esposa.

Dios ordena: **"Goza de la vida con la mujer que amas, todos los días de la vida de tu vanidad que te son dados debajo del sol, todos los días de tu vanidad; porque esta es tu parte en la vida** *[A esto nos ha comisionado Dios]*, **y en tu trabajo con que te afanas debajo del sol"** *(Eclesiastés 9:9).* Él reconoce que la vida en la carne es toda vanidad, pues todo lo que regresa al polvo y no es parte de la eternidad finalmente es vanidad. Pero él asegura a sus lectores que Dios nos ha dado **una parte** la cual debemos estar gozosamente satisfaciendo y deleitándonos en ella durante esta vida vana: un hombre y una mujer en un amoroso abrazo.

"Pero a causa de las fornicaciones, cada uno tenga su propia mujer, y cada una tenga su propio marido" *(1 Corintios 7:2).* Este pasaje reconoce la fuerza del impulso sexual y supone que es legítimo el buscar casarse y los privilegios nupciales que el matrimonio ofrece como una manera de evitar la fornicación.

**"El marido <u>cumpla con la mujer el deber conyugal</u> <u>(otras versiones traducen conyugal por: amabilidad,</u> <u>benevolencia, afecto), y asimismo <u>la mujer con el marido"</u> *(1 Corintios 7:3).* Se le llama benevolencia al hecho de dar satisfacción sexual a nuestro cónyuge.

"La mujer no tiene potestad sobre su propio cuerpo, sino el marido; ni tampoco tiene el marido potestad sobre su propio cuerpo, sino la mujer" *(1 Corintios 7:4)*. El casado, hombre o mujer, ha entregado su cuerpo a su cónyuge, y no tiene derecho de retenerlo.

"No os neguéis el uno al otro *[El retener o abstenerse de dar satisfacción sexual a su cónyuge es una manera de defraudar]*, **a no ser por algún tiempo de mutuo consentimiento, para ocuparos sosegadamente en la oración; y volved a juntaros en uno, para que no os tiente Satanás a causa de vuestra incontinencia"** *(1 Corintios 7:5)*. De nuevo, la suposición es que si él o ella no tienen sus necesidades sexuales satisfechas en el matrimonio, les deja expuestos para ser tentados por Satanás. La intención de Dios es que la esposa aporte más que una sumisión pasiva. Si la mujer o el hombre no es un participante activo e interesado, estará defraudando a su pareja.

Cuando Sara, la esposa de Abraham, era muy anciana y ya había pasado su edad de procrear, un ángel les visitó e informó que Sara quedaría embarazada por su esposo. Ella se rió y dijo: **"¿Después que he envejecido tendré deleite, siendo también mi señor ya viejo?"** *(Génesis 18:12)*. La respuesta espontánea de Sara ante el anuncio del ángel fue considerar el deleite que tal restauración de sus habilidades femeninas habría de traer.

Este tipo de actitud corría en la familia, pues, años después, su hijo Isaac fue observado en un jugueteo erótico al aire libre. Abimelec, rey de los filisteos, se asomó por su ventana y vio a Isaac que **acariciaba** a Rebeca en el jardín, tras lo cual conjeturó que estaban casados *(Génesis 26:8-9)*.

El placer erótico está creado en la imagen de la adoración

Dios modeló todo lo que creó de conformidad con su propia naturaleza, incluyendo todos los aspectos del placer erótico y de la reproducción. Pues la Biblia nos dice que si observamos la creación, podremos obtener conocimiento del Creador *(Romanos 1)*. Todo lo que es material y finito fue creado en la imagen de su ser no material. Por medio de una búsqueda atenta y cuidadosa, podemos descubrir la asociación que existe entre cada cosa que Dios creó con algún aspecto de su imagen.

El tiempo, con su pasado, presente y futuro, fue creado en la imagen de su infinidad. La materia fue creada para reflejar la existencia misma de Dios. Él creó la energía en la imagen de su poder; el inmenso espacio exterior en la imagen de su inmensurabilidad, el movimiento en la imagen de su activo accionar. La mente fue creada en la imagen de la sabiduría de Dios, la voluntad en la imagen de su auto-determinación. El cuerpo humano fue creado en la imagen de la conexión de Dios con la creación física. La música fue creada en la imagen del alma de Dios. El color fue creado en la imagen de su belleza. Los sentidos de la visión, el tacto, el olfato, el gusto y la audición fueron creados en la imagen de la experiencia de Dios consigo mismo. El don del habla y de la escritura fueron creados en la imagen de la segunda persona de la Deidad; el "Verbo." El espíritu humano fue creado en la imagen del Espíritu Santo de Dios. El sexo, donde el cuerpo, alma y espíritu se fusionan en unicidad, fue creado en la imagen de la comunión que hay en dentro de la Deidad. El placer erótico fue creado en la imagen de la adoración. La copulación, concepción y nacimiento fueron creados en la imagen de los poderes creativos de Dios.

Todo aquel que ha experimentado tanto la cúspide de una adoración espiritual pura como el placer erótico puro, sabe que uno es la imagen y el otro la realidad. Aun si nunca te habías atrevido a considerarlo, ahora que ha sido traído a tu atención, debes saber que esto así es.

Las alturas de la adoración trascienden el placer erótico en grado, pero no en clase. La adoración pura ocurre cuando uno pierde consciencia de sí mismo y se enfoca en la persona de Dios con asombro, humildad, admiración, amor, y devoción. El estado de adoración es el periodo más intenso de concentración que uno puede experimentar. Es casi como una experiencia fuera-del-cuerpo; ciertamente fuera de este mundo. Es la cúspide de la pureza, entereza, paz, gozo, y amor. Es un estado del ser el cual uno nunca quiere abandonar.

Si todavía no quieres aceptar la conclusión que he enunciado, entonces dime, ¿qué fue lo que Dios creó en la imagen de la adoración, si no fue el placer erótico? ¿Y qué es, entonces, lo que refleja el placer erótico respecto a la naturaleza de Dios? ¿Qué es lo que nos dice su misma prominencia en las páginas de la Escritura y en la fisiología de la raza humana acerca del Creador que lo diseñó?

El Cantar de los Cantares de Salomón exalta la satisfacción sexual y el placer erótico a un plano tal que ha hecho que la mayoría de los comentaristas concluyan que debe necesariamente ser una analogía del amor entre Cristo y su Iglesia. ¿Acaso no han captado la diáfana realidad que las Santas Escrituras tan claramente han declarado? Debe ser que los comentaristas se apresuran tan rápidamente al plano espiritual que fallan en llamar la atención del lector al sentido más simple y franco del texto. Si parezco interpretar el texto con mayor atrevimiento que otros, aún así, me mantengo en una posición histórica en mi interpretación de este canto. Si los muchos comentaristas están en lo correcto en ver esto como una imagen de Cristo y su Iglesia, entonces consideremos que fue Dios quien escogió y cuidadosamente redactó un canto erótico para representar la adoración.

Si la única adoración que has experimentado ha sido ritualista y estructurada, o si el único sexo que has experimentado ha sido egoísta y sucio, no podrás comprender la analogía del placer erótico con la adoración, la cual Dios tan claramente "ilustra" en su palabra inspirada. Si esta es tu situación, no te desanimes; hay un camino para alcanzar la limpieza y la recuperación el cual explicaremos un poco más adelante.

Acerca de la objeción de que el cantar no tiene como intención ser una discusión acerca del sexo

Si esto no tenía la intención de ser una discusión acerca del placer sexual, el compositor del canto debía haber reprobado sus clases de redacción. ¿Para qué, pues, seducir a sus lectores con claras imágenes de placer erótico si la intención era conducir las mentes de los lectores a algo completamente diferente? Si habremos de decir, como otros dicen, que esta descripción erótica tiene la intención de ser una analogía entre Cristo y la Iglesia, no habremos debilitado el contenido erótico del libro, más bien, lo hemos elevado a la dignidad y santidad de aquello que tipifica. Uno escoge una analogía por dos razones: primero, por su semejanza con la cosa que va a representar o describir, y segundo, que tan familiar es para los oyentes. El lector no puede entender la semejanza a menos que primero piense en lo típico. Si tienes objeción a considerar el contenido sexual del Cantar de Cantares de Salomón como importante y práctico para todos los matrimonios, tú, entre todas las personas, eres quien más lo necesita. ¿Alguna vez te has preguntado por qué tú no sonríes tanto como algunos de nosotros lo hacemos?

La asociación entre el olfato y el gusto con el impulso sexual

Queda claro en varios pasajes, que el autor del canto habla metafóricamente de los cuerpos de los personajes principales como frutas, flores, vino, hierbas aromáticas, especias, panal de miel, leche, y fuentes de agua listas para consumirse. Sus fosas nasales están llenas de los olores y fragancias uno del otro, y todo lo placentero que experimentan a través de los sentidos les recuerda el amor que comparten.

Él compara **sus pechos a** *los racimos* (de uvas), y dice: **"y el olor de tu boca como de manzanas, y tu paladar como el buen vino"** *(Cantar de Cantares 7:7-9)*.

Ella dice de él: **"Como panal de miel destilan tus labios, oh esposa; miel y leche hay debajo de tu lengua; y el olor de tus vestidos como el olor del Líbano"** *(Cantar de Cantares 4:11)*. De su deseo de probarlo y gustarlo profundamente, ella explora el interior de su boca con su lengua, comparando el sabor de su boca con *la miel* y *la leche*.

En el 4:11-5:1 él la compara a un huerto de dulces frutas y especias, y ella responde llamando a las dulces y frescas brisas del norte y del sur para que soplen sobre las frutas y **especias de su huerto hasta que se desprendan sus aromas.** Él entonces es atraído a los jugos que fluyen de su cuerpo y viene a beber y comer su dulce fruta.

La ciencia ha establecido que existe un eslabón orgánico entre los aromas placenteros y el impulso sexual. Pero mucho antes de que apareciera la ciencia, cualquier hombre joven te podría decir que cuando percibía la fragancia de las gardenias o de la madreselva, él inmediatamente pensaba en alguna hermosa mujer en su vida o en la de sus sueños. ¿Por qué los hombres jóvenes traen flores o dulces? ¿Por qué las mujeres jóvenes se ungen a sí mismas con olores sensuales?

¿Por qué a las parejas les gusta cenar a la luz de las velas con flores al centro de la mesa? Porque por el olfato y el gusto se perciben estímulos al impulso sexual.

El libro de Proverbios nos narra la historia de una mujer que intenta seducir a un hombre para llevarlo a tener un encuentro sexual utilizando las siguientes palabras: **"He perfumado mi cámara con mirra, áloes y canela. Ven, embriaguémonos de amores hasta la mañana; alegrémonos en amores"** *(Proverbios 7:17-18).*

Estudios científicos han demostrado que los olores naturales del cuerpo son más seductores que los perfumes químicos de más alto precio. Después de eso, las especias domésticas como la canela han demostrado ser altamente estimulantes. Lleva a la cama un pay o torta de manzana y… bueno… ¡ten cuidado!

Tan extraño como parezca, estudios clínicos han demostrado que los perfumes artificiales en realidad disminuyen el impulso sexual. Los clínicos en broma llaman a los perfumes comerciales: "pesticidas." Sin embargo, un hombre o una mujer pueden ser condicionados para identificar el aroma de perfumes ostentosos con experiencia eróticas, pero tiene que ser una respuesta aprendida; un gusto que este autor nunca adquirió.

Si deseas romper con todo el acondicionamiento cultural y regresar a las respuestas naturales, no hay aroma más embriagador, que el aroma puro y natural de tu cónyuge, y ningún sabor más dulce que el exquisito manjar desde la cabeza hasta los pies de tu pareja dada-por-Dios. Muchos amantes se han dicho el uno al otro: "Te ves tan apetecible, que te quisiera comer," y enseguida proceden a hacer justamente eso.

Si tienes algún tipo de problema o complejo emocional con respecto al sexo, no lo obtuviste del Espíritu Santo; lo obtuviste de un mundo que nunca ha aprendido a manejar algo tan maravilloso y poderoso, como es el erotismo puro y celestial. ¿Cuándo fue la última vez, que como la dama en nuestra canción, te lavaste, y ungiste tu cuerpo o tu cama con aromas naturales estimulantes, comieron y bebieron algo agradable, se vistieron de manera provocadora, ajustaron las luces, se desvistieron provocativamente, y luego "se fueron al cielo?" Dios creó a Adán y Eva, y dijo que era bueno en gran manera, Él trajo a la primera mujer desnuda al primer hombre desnudo, y les mando copular. Esto es lo que dio a los hijos de los hombres como su **"parte en la vida"** *(Eclesiastés 9:9).* Él creó el matrimonio **"...para que con acción de gracias participasen de ellos los creyentes y los que han conocido la verdad** *(1 Timoteo 4:3),* **"Y todo lo que hagáis, hacedlo de corazón, como para el Señor y no para los hombres"** *(Colosenses 3:23).*

¿Qué es el sexo natural? ¿Qué es una perversión?

Me ha causado asombro, ya en varias ocasiones, cuando personas me han preguntado cómo pueden un hombre vivir con su esposa pero sin desearla sexualmente. Siempre quedo pasmado casi conmocionado. Sé como es que llega a ocurrir este concepto torcido, pero, con base en mi experiencia santa, siempre es increíble escuchar a alguien revelar que él piensa que la actividad sexual en el matrimonio es malvada. En nuestra sociedad actual, la perversión es más común que la normalidad.

No vamos a enumerar ni discutir las muchas formas de perversión. Este autor, a pesar del hecho de haber ministrado en las calles y en las cárceles por más de 40 años, no es capaz de nombrar siquiera el diez porciento de las posibles perversiones. Podemos llegar a nuestro punto en forma más directa si comentamos acerca de lo que es natural. Romanos 1:26-27 habla del **uso natural de la mujer**. El pasaje revela que la actividad sexual entre personas del mismo sexo es **contra naturaleza**.

Hay matrimonios que se abstienen de ciertas formas perfectamente legítimas y naturales de juegos o caricias estimulantes anticipatorias al acto sexual por temor a que no sean naturales, mientras que hay incrédulos que justifican todo tipo de perversiones aberrantes, alegando que para ellos es un deseo natural. ¿Por tanto, cómo determinamos lo que es natural a la relación sexual de un matrimonio?

El libro de Dios acerca del sexo no nos lleva muy adentro de la recámara de esta pareja. Pero hay varias cosas que están claras. Ella se viste, así como también se desviste, para atraerlo. Ella se pone aromas naturales que son seductores, prepara su cama con aromas similares, se adorna con joyas y alhajas para atraerlo y se prepara a sí misma con elaboradas imaginaciones eróticas de él. Ellos disfrutan mutuamente de la desnudez del otro, como lo percibimos por las gozosas descripciones que hacen de la belleza de todas las distintas partes del cuerpo. Se probaron o degustaron el uno al otro como si fueran frutas, y se bebieron el uno al otro como si fueran vino o agua. Él pasaba la noche entera sobre sus pechos desnudos. Ella admiraba sus muslos, vientre, y sus testículos. Él admiraba sus caderas y vientre desnudo, y parece que era atraído a su bello púbico. Ellos se juntaban en completo abandono y gozosa pasión. Es completamente natural para amantes casados que se saboreen él uno al otro de la cabeza hasta los pies. Hay algo tan puro y simple en la total absorción del uno con el otro.

La expresión sexual que es buena y natural vendrá de manera espontánea a la pareja inocente. No necesita ser enseñada. Cada pareja irá descubriendo diversas formas de juegos y caricias estimulantes anticipatorias a la relación sexual en el curso normal de su crecimiento y experimentación.

Si tu recámara es aburrida, inténtalo en el trampolín de la alberca o en una colina solitaria en una día ventoso del otoño. Pueden salir a acampar y tienen que buscar algún lugar solitario donde meterse a nadar juntos desnudos. La cocina, la cochera, el cuarto de triques o el establo, todos son lugares naturales y buenos. Algunos de sus placeres podrán ser comentados y planeados, y otros ocurrirán de manera espontánea, tomándolos a ambos por sorpresa. Solamente asegúrense de no sorprender ni ser sorprendidos por los niños, los vecinos, otros nadadores u otros excursionistas.

El amor y el compromiso mutuo solamente producen lo que es natural. Nunca es violento, abusivo, ni degradante. Si un hombre verdaderamente ama a una mujer, él enfocará el sexo como una manera de satisfacerla, de elevarla como persona, de emocionarla y bendecirla. El buen sexo puede ser callado y tierno en una ocasión y alborotador y ruidoso en otra, pero siempre lo deja a uno suave, relajado y puro de espíritu. Es tan claro como el agua de un manantial y tan santo como la reunión de oración.

Equipaje

Los problemas surgen cuando las personas llegan al matrimonio cargando un equipaje de inhibiciones, problemas o complejos emocionales, o cuando tienen su mente torcida por causa de su exposición a Hollywood, a la pornografía, o a comportamientos desviados aprendidos en compañía de otros ya pervertidos.

Hay un umbral natural de expresión sexual que satisface completamente los anhelos más íntimos y profundos del cuerpo y alma humana. Aunque el sexo físico es una forma de expresión hermosa, la plena y verdadera satisfacción se encuentra finalmente en el espíritu. Esto es cierto en toda faceta de la existencia humana.

Pero los malvados nunca podrán encontrar una satisfacción espiritual. Por lo tanto, el sexo nunca les satisface. Pueden saciar su hambre, pero nunca pueden elevarse para alcanzar la verdadera satisfacción. Las viejas formas de expresión sexual les parecen aburridas, y tienen que aventurarse a experimentar cosas nuevas y prohibidas que nada tienen que ver con expresar amor.

Aquí es donde el diablo saca el máximo provecho. Por medio de combinar actos violentos y degradantes con la pasión sexual, estos actos ofensivos toman la emoción del sexo y con el paso del tiempo parecen ser parte del sexo. Entre más atrevidos y desviados sean los actos, mayor será la emoción. Para esas personas, llega el momento en que el sexo sin todos esos atavíos y enseres extraños deja de ser sexo. El apetito poderoso por el sexo se convierte en el santuario y punto de entrada para todo tipo de comportamiento extraño. Será imposible poder comunicar este concepto a un pervertido, pues su perversión a nadado río arriba hasta llegar a contaminar las fuentes mismas de donde fluye su personalidad humana.

Sé que muchos de mis lectores están esperando que les dé una lista de los juegos y caricias eróticas estimulantes que son aceptables y las que no lo son. Como principio les diré que cualquier actividad que no surge del amor y que no contribuye al amor está mal. El amor nunca incluye el uso de presión para forzar la voluntad. Tampoco produce sentimientos de culpa.

Es posible que "sientan" culpa que realmente está fuera de lugar. Una mente mal informada por sus asociaciones o prácticas anteriores, puede llegar a ver lo santo como si fuera profano. El poder quitar esos falsos sentimientos de culpa es parte del propósito de este estudio. Conforme te expongas a la Palabra de Dios en este tema, automáticamente comenzará el proceso para liberarte de los falsos sentimientos de culpa.

Perversiones

Respecto a detalles específicos: el recto es para la eliminación de desechos y nunca tuvo el propósito de ser parte de la expresión sexual. Esa es la razón por la cual Dios lo puso fuera de la vista, muy escondido entre los glúteos. Ninguna pareja joven e inocente va a "descubrir" el recto de su pareja ni encontrará satisfacción en que le acaricien el recto o se lo penetren. La idea de la penetración rectal surgió entre los homosexuales, pues, encontraron que era lo más semejante a una penetración vaginal. El sexo rectal es sodomía, y es repugnante y asqueroso. La esposa debe rehusarse a participar en esto. El hombre que tenga intereses en esa dirección debe decidir si va a ser un esposo o un maricón; uno u otro. Hombres, no utilicen a sus mujeres en formas contrarias a la naturaleza; y mujeres, no se dejen usar de esa manera.

Todas las formas que esclavizan, provocan sangre, dan golpes o inflingen dolor son perversiones que se aprendieron, no son deseos naturales. Tales cosas son una simulación de violación y de violencia. Aun en sus formas más calmadas y tranquilas, estas desviaciones son fantasías en violencia y perversión, en la práctica o fingimiento de la maldad y una preparación para crímenes dignos de muerte. La persona que desea tales cosas está totalmente extraviada en cuanto a lo que es el amor verdadero. Pasará la eternidad en esclavitud, sufriendo el fuego del infierno. Una esposa se debe rehusar a participar en estas cosas.

Pienso que ya todos sabemos que toda actividad sexual entre personas del mismo sexo es una perversión, como también lo es toda actividad sexual fuera del matrimonio, todo adulterio e incesto. El uso de la pornografía es equivalente a satisfacerse en el adulterio, la fornicación, la homosexualidad, la bestialidad (cópula con animales), el incesto, el abuso infantil, y toda otra cosa desviada que la pornografía ilustra. La pornografía es anti-amor y secuestra el placer erótico, y lo eleva hasta a un lugar de deidad. Es lo que el diablo presenta como sustituto de dios, un acto de adoración oscura. Deja de ser sexo y se convierte en una extensión de la masturbación. El que usa la pornografía me recuerda a un perro rabioso que se muerde y come a sí mismo. Si tú participas en alguna de estas perversiones, te has divorciado de Dios y estás coqueteando con el infierno.

Así que fuiste herida cuando eras más joven

Es una excusa común, la esposa dice. "No me gusta el sexo porque fui lastimada cuando era joven. Se abusó de mí cuando era niña. Tuve varias experiencias horribles." De hecho, lo que está diciendo es: "Estoy lastimada. No soy normal, no esperen que ame y sea amada como es la intención de Dios, porque estoy hecha pedazos. Por favor, exímanme de mis responsabilidades y de la oportunidad de experimentar el placer."

Dios anticipó tu excusa, y registró el hecho de que la dama de este canto venía de antecedentes desventajosos, fue criada por personas que estaban enojadas con ella, y se burlaban de ella *(1:6)*.

Otros han aceptado el perdón de Dios, han puesto a un lado su amargura, y se han comportado como es la intención de Dios. Tú también puedes. El camino a la sanidad es conocer la verdad y actuar de acuerdo a ella, independientemente de cómo te sientas. **"Encomienda a Jehová tus obras, y tus pensamientos serán afirmados"** *(Proverbios* **16:3).**

La Culpa

"Cualquier otro pecado que el hombre cometa, está fuera del cuerpo; mas el que fornica, contra su propio cuerpo peca" *(1 Corintios 6:18)*. Este pasaje pone al pecado sexual en una categoría aparte; el pecado contra su propio cuerpo. Deja una carga en la conciencia como ninguna otra cosa lo hace. Esto no es una doctrina abstracta; es una experiencia universal. La culpa es una palabra que los predicadores y los siquiatras nunca necesitan definir al público.

La experiencia ha demostrado que ningún pecado tiene el poder de manchar permanentemente la consciencia como lo hace el pecado sexual.

Muchos ladrones de banco que van huyendo de la escena con la bolsa de dinero han quedado atónitos cuando la bolsa súbitamente explota bañándolo todo con un tinte rojo. Todo el dinero y el ladrón quedan indeleblemente manchados. En ese momento el dinero queda inservible y el ladrón queda marcado para que todo el mundo lo pueda ver. Asimismo, cuando los jóvenes violan sus conciencias y se roban un poco de sexo, ya sea en la forma de pornografía, experimentando en relaciones con el mismo sexo, voyeurismo, o adolescentes "haciendo el amor," sus conciencias quedan permanentemente manchadas. Fuera de Dios, la única manera de hacer que desaparezca esa mancha es gravitando a un mundo en donde todos y todo está manchado de rojo. Los ciudadanos de esa sociedad aprenden a sentirse cómodos con la mancha y eventualmente llegan a negar que exista lo rojo.

Aunque pocas personas viven en un mundo que es todo rojo, la mayoría de los adultos están marcados con alguna mancha. Muchos estudios reportan que más de la mitad de todas las mujeres casadas y que son capaces de hacerlo, no alcanzan el clímax cuando tienen relaciones sexuales.

Los consejeros matrimoniales revelan que es muy común que las mujeres casadas que llevan una carga de equipaje de culpa encuentren repugnante el sexo, esto es, hasta que son atraídas a una relación extramarital, en ese momento se "sienten" jóvenes, y todo es tan emocionante como al principio. Sin embargo, cuando todo lo nuevo pasa y la mancha de la culpa se hace más oscura, la frigidez una vez más se trepa a su cama. Otra vez el sexo les parece sucio y les produce nauseas. No conocen la fuente de su disfunción sexual. Algunas se vuelven a la pornografía, otras al alcohol o a las drogas, otras a terapia sexual, consejería, o a aventuras amorosas adicionales. La mancha se extiende, el alma se enfría; y les da por ver telenovelas y escuchar música romántica para fantasear sobre el amor verdadero.

Es muy común que las mujeres digan que sienten nauseas cuando saben que sus maridos "quieren hacerlo." Las esposas revelan como se esperan hasta que sus esposos están dormidos antes de irse a la cama, o se apuran para acostarse primero y luego se hacen las dormidas; cualquier cosa con tal de evitar la actividad sexual. Otras les dicen a los consejeros matrimoniales que se acuestan y cooperan pero no participan, además tratan de pensar en otra cosa.

Este estado frígido es comúnmente el resultado de la culpa que inconscientemente asocian con la actividad sexual. De manera similar, cuando veo una naranja y pienso en comérmela, los músculos de mi quijada involuntariamente se constriñen. Asimismo, cuando veo el sillón del dentista, siento las vibraciones en mi cabeza. La asociación de dos cosas que ocurren al mismo tiempo condicionan a la persona para verlas como una y la misma cosa; la naranja y los músculos constreñidos, el sillón del dentista y las vibraciones, sexo y vergüenza.

Cuando era niño, me encantaban las cerezas cubiertas de chocolate. Nada en el mundo se les podía comparar. Pero en una ocasión después de haber estado la semana previa en cama con gripe, alguien le dio a este niño enfermo una caja entera de cerezas cubiertas con chocolate. Nunca antes había comido más de una o dos cerezas cubiertas de chocolate a la vez. Esta fue una gratificación de proporciones descabelladas. Me había comido la mitad de la caja cuando comencé a vomitar el jarabe amargo y ácido. Hasta el día de hoy cuando veo una cereza cubierta de chocolate me dan nauseas. Si me veo obligado me como una, pero no me es placentero. Me gustan las cerezas y me gustan los chocolates, pero estoy condicionado ahora a pensar sinceramente que las cerezas cubiertas de chocolate son "pecaminosas." Solamente se requirió una mala experiencia. Reconozco que tengo una fobia que no es razonable. Tengo ya sesenta y un años de edad, y me enferma tener que escribir acerca de esto. Durante cincuenta y cinco años he sido controlado por esa sola experiencia condicionante negativa.

De igual manera, pero en un nivel muy diferente, una persona puede ser condicionada a asociar el sexo con culpa y pecado. Sucede de la siguiente manera: Una joven señorita sabe que no debe involucrarse en relaciones sexuales antes de casarse, pero se siente abrumada y superada por la pasión; así que actúa a hurtadillas y sin ser vista y viola su conciencia. Después, se siente culpable y se dice a sí misma que no se va a volver portar como "chica mala." Pero con el paso del tiempo, la pasión supera a la conciencia y ella una vez más sucumbe ante la tentación.

Dos cosas están sucediendo al mismo tiempo: Ella se está sintiendo culpable, y está teniendo relaciones sexuales. El sexo y la culpa se convierten en sinónimos en su mente subconsciente. Pero mientras el "amor" es joven, la pasión sigue siendo más fuerte que la culpa. Pero llegará el tiempo, después que se ha casado y que las pasiones del sexo hayan sido satisfechas, en que la culpa saldrá a la superficie y será más fuerte que la pasión. La culpa y la vergüenza inhabilitarán sus respuestas sexuales, y verá los avances del marido como yo veo a las cerezas cubiertas de chocolate, como algo que debe ser regurgitado. Entre más frecuente sea que la culpa y la vergüenza sofoquen sus respuestas sexuales, mas fuerte crecerá la vergüenza y su inhabilidad de responder a los avances sexuales de su marido. Ella crecerá hasta llegar a un estado confirmado de frigidez.

Ahora conoces el resto de la historia. No naciste hecha pedazos. Tú misma te hiciste pedazos.

La mayoría de los hombres responden a la culpa de manera diferente. En vez de congelarse y retraerse, se vuelven exigentes y agresivos. Buscan más sexo y con mayor frecuencia, y se llega a una forma de dominio y explotación, en vez de una de compartimiento y amor. Dejan de preocuparse por las mujeres, pero las continúan usando como un "mal necesario." En los casos extremos, los hombres culpables sacan sus sentimientos de auto-condenación castigando a los objetos de su lujuria. Así es como la palabra "chin…" comenzó a ser usada como una maldición agresiva y amenazante. El hombre que la usa, usa a las mujeres y ve el sexo como un acto de dominio y violencia.

El mundo de la explotación sexual y de la culpa es un pozo oscuro donde el impulso sexual ya no se asemeja a ese maravilloso vehículo de pasión que Dios creó. Es un vórtice turbulento girando hacia abajo arrastrando hacia los fuegos de la lujuria y del infierno. Para muchos, no hay retorno. Entre más abajo desciendas, menos probable será que puedas creer que hay otro camino. El Jardín del Edén cede su lugar al prostíbulo de horrores. El paraíso se convierte en dolor. De lo que Dios maravillosamente creó, el diablo se ha apoderado, y el fin no se asemeja al principio.

Pero Dios no está dispuesto a ceder su bendito don del amor marital a las manipulaciones de Satanás. Él está listo para perdonar y restaurar. Su redención puede lograr lo que un siquiatra o consejero matrimonial ni siquiera se atreven a soñar.

Superando las asociaciones de culpa

Los dos ejemplos de condicionamiento que les di (la naranja y las cerezas cubiertas de chocolate) son menores comparadas con el condicionamiento por la culpa. Como mencioné antes, cuando dos cosas que no necesariamente están relacionadas suceden al mismo tiempo, el alma puede ser condicionada para aceptar una asociación permanente. Pero la culpa que acecha y atormenta a una persona por causa de actos sexuales pecaminosos pasados es más que mero condicionamiento, porque hay una relación directa entre los actos pecaminosos y el sentimiento de culpa continuo y permanente. De hecho, el sentimiento de culpa es apropiado; aun necesario para nuestra felicidad.

Sabiendo que la culpa nos evita funcionar normalmente, te preguntarás porque es que digo que es provechosa. Piensa un momento. Si no tuvieras sentimientos de culpa, continuarías en tu pecado, sin darte cuenta que te estaba llevando en una dirección destructiva. La culpa es el dolor del alma, la advertencia de que estás poniendo a tu persona en peligro. En la mayoría de los casos, la culpa habla la verdad. Si no sintiéramos culpa viviríamos como los animales, seguiríamos nuestras pasiones, y haríamos caso omiso de nuestro cerebro; pero nuestra naturaleza moral no nos permite vivir sin la voz de la conciencia.

Los sentimientos de culpa no desaparecen con los años. El alma no está equipada, como lo está el cuerpo, para sanarse a sí misma del pecado. Solamente Dios puede sanar el alma del pecado. Aun después de haber dejado de practicar el pecado, los dolorosos sentimientos de culpa se aferran al alma, clamando por perdón. No puedes perdonarte a ti mismo. Tienes que ir con tu Hacedor a quien has ofendido. Es en su mundo en el que vives. Fue con una de sus criaturas con quien quebrantaste las leyes de tu naturaleza. Es su aire el que respiras, y él tiene las llaves de la eternidad. Hay un cielo y hay un infierno. Los sentimientos de culpa están ahí para advertirnos que *El Juez de toda la tierra no se ha olvidado*. El cielo guarda los registros de tus hechos en anticipación a aquel día en que te verás forzado a aparecer en juicio y dar cuenta de cada acción que has hecho en tu vida. Los sentimientos de culpa advierten al alma indiferente de que "Dios no se ha olvidado." Ve inmediatamente a tu Creador y Salvador mientras todavía hay tiempo. Recibe el perdón que Él tan libremente ofrece. Solamente Él puede quitar tu culpa y restaurar tu alma. Entonces podrás disfrutar de todas las cosas, incluyendo el sexo, como Dios lo diseñó.

Dios no hace que sintamos culpa como una forma de castigo. El propósito de la culpa es llevarnos de regreso a Él mismo. Cuando la culpa dice: "Eres indigno, mereces ser castigado," dice la verdad.

Adiós a la culpa

Pero las buenas nuevas son que Dios envió a su propio hijo, Jesús, al mundo para tomar el lugar de los pecadores culpables. Jesús nunca pecó. Nunca tuvo sentimientos de culpa. Su conciencia estaba limpia delante de Dios. Desde Adán a la fecha, nunca ha existido otro hombre como Jesús que siempre hizo lo que agradaba a Dios. En todas las maneras, en todo tiempo, sin excepción, él complació al Padre, mientras que nosotros le hemos desagradado.

Sin embargo, Jesús no vino solamente para darnos ejemplo. Él vino a ser nuestro sustituto. A tomar el lugar de nosotros los pecadores y llevar sobre sí mismo el castigo por todos nuestros pecados. Al final de su vida recta y justa, él voluntariamente murió, como si él fuera el pecador. Él asumió tu pecado y murió en tu lugar; en lugar de todos los pecadores. El perdón no viene a través de una iglesia o de sus líderes. Solamente Dios puede perdonar, y él está listo para perdonar a todos los que creen y reciben su perdón.

"Si confesamos nuestros pecados, él es fiel y justo para perdonar nuestros pecados, y limpiarnos de toda maldad" *(1 Juan 1:9).*

El perdón que él te ofrece no está condicionado por el grado en que tú te perdonas a ti mismo. Él perdona aun cuando tu conciencia te está condenando. Es solamente después de que crees que Dios te ha perdonado que puedes ser liberado de la culpa. En corto tiempo, conforme comienzas a andar en comunión con Jesús, el dolor y el recuerdo de tus pecados pasados desaparecerán y verás un cambio lento ocurriendo.

Así de rápido como la conciencia condena el comportamiento inmoral, así también aprobará la conducta recta. Ya has leído muchos versículos que expresan la actitud de Dios respecto al sexo. Este verso la resume bastante bien: **"Honroso sea en todos el matrimonio, y <u>el lecho sin mancilla</u>; pero a los fornicarios y a los adúlteros los juzgará Dios"** **(Hebreos 13:4).**

Consejos prácticos

Podrás decir: "Pero esos pecados los cometí hace muchos años, los confesé a Dios y sé que él me perdonó. Pero he desarrollado esta inhibición o complejo permanente. ¿Cómo puedo hacer que mi mente subconsciente acepte lo que mi mente consciente sabe?" Les conté acerca de mi experiencia con las cerezas cubiertas de chocolate. Ahora sé que los dulces no fue lo que me enfermaron, y que si los como hoy no me harán daño, pero estoy condicionado a asociar las cerezas cubiertas de chocolate con el vómito. Si sintiera que fuera necesario que superara mi bloque mental, no me quedaría sentado esperando que mi pensamiento torcido se desapareciera por sí mismo. Me forzaría a mí mismo a comer el alimento que veo como una amenaza hasta que hubiera reprogramado mi mente con experiencias placenteras. Si comiese esas cerezas unas cuantas veces y las disfrutara, la nueva experiencia sería ahora la norma. Como están ahora las cosas, cada vez que rehúso comer una cereza cubierta de chocolate, estoy confirmando los antiguos patrones y perpetuando el concepto equivocado.

Dios quita la culpa, algo que tú no puedes hacer. Pero tú tienes que tomar los pasos para reprogramar tus respuestas. Si eres una mujer, puede ser que necesites superar tu frialdad con respecto al sexo. Si eres un hombre, puedes ser que necesites superar tu falta de sensibilidad. Ambas se pueden superar si nos enfocamos en hacer el amor de una manera pura y santa. Se llevará tiempo pero sí, puedes reprogramar tus respuestas humanas a través de varias buenas experiencias. ¡Y ciertamente valdrá la pena el esfuerzo hecho!

La clave está en no esperar alguna señal interior de que todo está bien. Decide actuar de una manera en que bendecirás a tu cónyuge. Actúa de manera amorosa. Haz lo que tengas que hacer porque es bueno para la otra persona. El amor está en el hacer, no en los sentimientos. Si tu "haces" lo que requiere el amor, con el tiempo "sentirás" el amor.

Si tú le entregas tu cuerpo a tu cónyuge para su placer, lle-
garás a disfrutarlo tú también.

Romance y espiritualidad

En varias ocasiones cuando las mujeres han explicado su
frialdad hacia el sexo diciendo que quieren que sus esposos
sean más sensibles y espirituales, mi esposa ha respondido: "¿Qué es lo que quieres que haga, que cante aleluya
mientras lo hacen?" La primera vez que escuché que res-
pondiera de esta manera a una mujer, yo agregué: "A veces
siento ganas de cantar aleluya, pero no quiero despertar a
los niños."

Las mujeres son diferentes a los hombres en este aspecto. Ellas necesitan algo de romance y un vínculo emocional. Cuando el esposo quiere estar cerca sexualmente,
pero no emocional y románticamente, la mujer sentirá que
su intimidad no es superior a la de los animales. Y, desafor-
tunadamente, así es con frecuencia. No que haya nada de
malo con el impulso animal, pero hemos sido creados para
ser más que un cuerpo operado por impulsos. Somos también almas vivientes, creadas a imagen de Dios, y esa parte
de nosotros también tiene que encontrar como expresarse.
Yo aconsejaría al hombre que satisfaga las necesidades de
su esposa. Aprende a cuidar y a proveer en más maneras,
no tan sólo en lo físico. Valora el alma de tu esposa, y dale
el romance que necesita. Al hacer todo esto también estarás
satisfaciendo una necesidad en ti mismo.

Y aconsejaría a la esposa que reconozca que su esposo
puede nunca cambiar y ser diferente. Algunos hombres son
tan insensibles que el único afecto que alguna vez muestran
es a través del sexo físico. Siendo este el caso, si la esposa
se resiste a su esposo absteniéndose hasta que él haya satisfecho sus necesidades espirituales o sociales, nunca habrá

una solución al problema. Si ella acepta sus deficiencias y responde sexualmente, hay una mejor oportunidad de que por medio del sexo él la llegue a amar de una manera más profunda. Si no, entonces la mujer de todas maneras se beneficiaría disfrutando ella misma del sexo. ¿Por qué privarte a ti misma sólo para demostrar un punto que puede nunca llegar a ser apreciado?

Bebe abundantemente

Cuando Deb y yo estábamos recién casados, teníamos pleitos ocasionales. Ella estaba tratando de cambiarme, yo estaba tratando de cambiarla a ella. Un día se estaba quejando con una señora de edad madura acerca de mi terquedad. La señora de edad mayor le sugirió que "se negara a hacerlo." "Eso lo hará corregirse," dijo la mujer. Cuando Deb me dijo como respondió a la sugerencia de la mujer, se convirtió en mi cita favorita. Al escuchar la sugerencia de la mujer, Deb se quedó boquiabierta y después de un momento de reflexión, respondió: "¡Pero eso me lastimaría a mí tanto como lo lastimaría a él!" ¡Me encanta su respuesta! La amo a ella. Ya no nos peleamos. Ahora es, como dice la vieja canción: "Es amor por la mañana, amor por la tarde y amor cuando se mete el sol."

Cuando llamé a Deb a la oficina para que leyera el párrafo anterior, se rió y dijo: "¡Qué! Los hombres saben la realidad. Es "queriendo" en la mañana, "queriendo" por la tarde, y TAL VEZ cuando se mete el sol." Le respondí: "Bueno, me refería a antes de llegar a los cincuenta." Así que, bueno… tal vez ahora nos saltamos uno que otro día, de tiempo en tiempo.

En distintas ocasiones cuando he escuchado a las mujeres decir: "Los hombres solamente piensan en el sexo." Les he asegurado que ese no es el caso en lo absoluto. El sexo no es en lo único en lo que piensan los hombres. Después piensan en dormir y cuando se levantan, piensan en comer. Si no te puedes reír y disfrutar del placer erótico, eres demasiado apático o te han atado con un nudo demás.

Eres humano y eres carne; esa fue la intención de Dios. Si no has estado disfrutando del don que Dios te dio: tu cónyuge, ya va siendo tiempo de que lo hagas; no es demasiado tarde. Te recuerdo de la exhortación que Salomón dio a sus lectores en el 5:1: **"Comed, amigos; bebed en abundancia."** Y, a esta altura, ya sabes que no está hablando acerca del agua.

Seres multifacéticos

El sexo es la bendición más poderosa y maravillosa que Dios dio al hombre. Por esta razón la mecánica del sexo se le puede hacer funcionar por separado. Puede ser arrancado del contexto en el cual fue planeado, y usado de manera independiente hasta que se convierte en el usuario. Es como liberar a un oso hambriento de su jaula, puede volverse y destruirte o puede tomar el lugar que el Creador le asignó en la creación. Si se le permite correr sin control y seguir su propio rumbo, puede tomar el lugar de la personalidad misma. Como todas las cosas que Dios hizo, se hizo con el propósito de ser administrado, controlado, refrenado, dirigido y disciplinado.

Nosotros los humanos fuimos creados para ser seres multifacéticos, un equilibrio delicado de muchos atributos, especialmente de la carne y del espíritu. La personalidad humana es insuficiente para alcanzar su pleno potencial por sí misma. Es por causa de nuestro antepasado original quien desobedeció a Dios y se separó tanto él como toda su posteridad de la comunión con Dios, que los apetitos que fueron diseñados para existir en equilibrio ahora dominan a la raza humana.

Por causa de la fuerza del apetito, aun el alma más tranquila y filosófica es incapaz de mantener el equilibrio en su naturaleza. La historia es una crónica de esta falla. La filosofía y la religión son un testimonio a la confusión e inseguridad de los más nobles entre nosotros. Las guerras, las violaciones, las perversiones sexuales, y los divorcios son prueba de que existe una desconexión en alguna parte. Hasta que se reestablezca la conexión nuevamente con Dios, a través de Jesucristo, la más grande bendición continuará siendo la más grande maldición; produciendo más angustia, aflicción y destrucción a la raza humana que todos los demás apetitos combinados.

Remanentes que se van desvaneciendo de esa gloria permanecen en todos los humanos. La mayoría de las personas están contentas con dejarse capturar por sus apetitos, obteniendo cualquier gozo o disfrute que puedan por el camino. Pero los justos, aquellos que han nacido de nuevo en la familia y comunión con Dios, aquellos que andan en sujeción al Espíritu Santo y someten sus cuerpos a su disciplina; son capaces de vivir en la gloria con la que los demás solamente sueñan. Mientras servimos a Dios, nuestros apetitos nos sirven a nosotros en vez de impulsarnos y manejarnos, y tanto el cuerpo como el espíritu, ahora en armonía, experimentan la plenitud de todos los placeres terrenales; incluyendo lo erótico. El hombre fue creado para ser santo en todas las cosas. ¡Da gracias a Dios por el sexo!

La cumbre

Si nuestras vidas fueran música, el sexo sería el crescendo. Una pieza musical tiene muchos momentos suaves y tranquilos, pero luego crece hasta alcanzar una cúspide dinámica en donde todos los instrumentos se unen para la gran celebración de la noche. Le siguen el aplauso y los músicos quedan exhaustos pero satisfechos. Igualmente, los juegos y caricias eróticas estimulantes anticipatorias al acto sexual y la copulación son la conclusión satisfactoria a la experiencia de dos personas que viven diariamente en armonía. Sin la canción, el crescendo tendría poco significado, pues estaría fuera de contexto.

O, para decirlo de otra manera, así como esos últimos pasos que llevan al alpinista a la cumbre de la montaña, el amor erótico es mejor cuando es el pináculo de una experiencia prolongada de amor. El sexo puede aparentar ser el destino final, pero se enriquece por el viaje mismo. Es solamente la ascensión final del amor íntimo la que ha sido compartida durante la subida. Sin la ascensión, el llegar a la cumbre sería como cualquier otra parada en el camino. En otras palabras, el sexo no es lo integral; es la conclusión satisfactoria final a un gran ascenso, la cumbre de unicidad, donde la pareja se fusiona en la más elevada comunión conocida por los mortales.

Para decirlo en lenguaje cotidiano, la copulación no es toda la fiesta; es tan sólo los fuegos artificiales. Los fuegos artificiales solos pueden parecer detestables, intrusivos, y espiritualmente insatisfactorios. El estallido es mejor cuando es la celebración de algo en el espíritu.

No estoy tratando de hacer una distinción entre la estimulación erótica y la copulación, a menos que por estimulación erótica nos estemos refiriendo a todo momento que ocurre entre cumbres y estamos incluyendo al espíritu y al alma en la estimulación erótica.

Tampoco estoy diciendo que el sexo entre esposos esté mal a menos que se haga en cierto contexto espiritual. La pasión animal del sexo se debe recibir con gratitud, pero somos más que animales; y si queremos ser todo lo que nuestro Creador quiere que seamos, entonces hay otras áreas de nuestro ser que también debemos satisfacer. El sexo es obviamente un acto del cuerpo para gratificar a la carne. Pero es mejor cuando también es un acto del alma y del espíritu. La fusión de nuestros cuerpos satisface nuestra necesidad "carnal" dada por Dios, pero la fusión de nuestras almas satisface nuestros espíritus dados por Dios.

Cuando el amor es más que sexo, el sexo es más de lo que jamás hubieras imaginado. Un hombre debería primero amar a su esposa en la misma forma en la que ama a su madre, a sus hijos y a sus amigos más apreciados. No hay nada erótico en ese tipo de amor, pero es profundo, altruista, y puro. Tomas a tu bebita en tus brazos e inhalas su olor, pruebas su piel con un beso suave; la abrazas prometiendo siempre protegerla y estar a su lado en cualquier momento de apuro. Amas hasta que duele. Tú darías tu vida por esa niña. Su alma es preciosa para ti.

Hombres, si primero aman el alma de sus esposas, su amor por su cuerpo será bien recibido. Antes de que ella pueda sentir cualquier pasión sexual, tu esposa se derretirá ante tu mirada de cuidado y cariño. Ella añorará tus caricias que le masajean su cuerpo, y voluntariamente cederá su cuerpo para ser probado y acariciado. Después de haber amado a alguien hasta la distracción; hasta que duele, deseando fusionarse en unicidad y quedarse ahí para siempre, entonces sucede el placer más inimaginable, y los dos ascienden a la cumbre para ser uno.

Dios hizo provisión para que la pareja fuera más allá del velo, hasta el lugar santo e íntimo, donde nadie más sino ellos dos pueden ir. Regresan al Edén, y tal vez visitan un "pedacito del cielo," y cuando termina, su anhelo de amor ha sido transformado en la más pura satisfacción. Los dos están contentos porque han expresado su amor a su máxima plenitud. Se han convertido en una sola carne.

Dios los ha unido juntos. Lo físico y lo espiritual se junta-
ron y encontraron el equilibrio. Los dos pueden continuar
con la vida; pueden enfrentar y someter al mundo juntos.
Son un equipo. Son uno. Para siempre.

Voy a hablar de manera personal por un momento.
Cuando era joven y mi esposa estaba fresca con la pasión
rosa y húmeda de la juventud, el animal estaba muy fuerte,
la amé, pero no como la amo ahora que andamos en los
cincuentas. Cuando teníamos veintitantos años, yo nunca
consideré que el placer erótico pudiera ser algo más que
una necesidad divertida. No sabía nada acerca de la riqueza
que estaba creciendo en nuestros espíritus. No tenía idea
que el amor pudiera ser llegar a ser otra cosa que dinamita
y relámpagos. Pero después de más de treinta años, mi matrimonio ha alcanzado a mi espiritualidad. Ahora tengo un
matrimonio que es prueba de la existencia de Dios. Nunca
soy más humano que en el matrimonio, y sin embargo, nunca más cerca de lo divino.

Conforme envejecemos nuestras pasiones se desvane-
cen pero nuestros espíritus surcan los cielos. Vislumbro un
tiempo, si llegamos a viejos, cuando el animal cansado se
eche en quietud junto a la chimenea mientras nuestros espíritus ascienden los últimos pasos hasta la cumbre. Podremos hacer reminiscencias y reírnos del vigor que una vez
tuvimos, de fuegos pasionales que hace mucho se apagaron,
pero no miraremos hacia atrás con pesar y lamento, y no habrá ningún sentimiento de pérdida, pues aun ahora la maravillosa y gloriosa carne ha sido excedida por una fusión de
espíritus hasta que lo invisible es mucho más tangible que lo
visible. Conforme nuestros cuerpos se ablandan y deterio-
ran, conforme nuestras espaldas se vencen y nos asomamos
a mirar la tierra fría, ha habido una vida encendida y atizada
que arde más en el mundo espiritual que en la recámara. Si

mi esposa se desvaneciera hasta que nada quedara sino su espíritu, yo pondría ese precioso espíritu en una botella y lo inhalaría hasta mi último respiro. **Alabado sea Dios por sus maravillas para con los hijos de los hombres.**

Por cierto, todavía no estoy tan viejo. Aun ahora siento que la mecha está ardiendo. Caerá un relámpago antes de que termine el día.

Posdata

Aun ahora, antes de que alguien haya leído este pequeño libro, sé que habrá algunos que entenderán mal y aplicarán mal las cosas que he dicho. Siempre hay aquellos cuya amargura, auto-lástima o enojo son tan profundos y preciosos para ellos que filtran y desechan toda la información excepto aquella que apoya su mutilada perspectiva.

Unos pocos hombres usarán pequeñas porciones de este material para justificar su cosmovisión torcida y carnal. Continuarán usando a las mujeres nada más como un apoyo para su autoestima; como recipientes para verter su semen. Sus almas se irán haciendo más y más pequeñas hasta que queden horriblemente solos, amando nada, más que sus fantasías. La paga del pecado es muerte; cosecharán soledad, amargura, pesar, remordimiento, y sobre todo, vaciedad. Las pasiones se desvanecerán y el cuerpo morirá; el espíritu estará solo de pie, vestido con la prenda que tejió en esta vida. La eternidad será un orgasmo de santidad y amor, pero estas personas no serán bienvenidas. Yo no les puedo ayudar ahora. Y Dios no les ayudará entonces.

Estoy particularmente preocupado por las muchas mujeres que yo sé que responderán a estas palabras de manera inadecuada. Si eres una de estas mujeres, tienes visión de túnel o la mente cerrada. Mientras leías este libro, y aún ahora, estás pensando, "Si tan sólo mi marido me amara como este hombre ama su esposa, yo gustosamente me rendiría a él y sería una pareja sexual entusiasta." Todos los días, Deb y yo leemos cartas de mujeres que explican sus pobres matrimonios con frases como: "Si mi marido me amara como Cristo amó a la iglesia…" Hay muchas maneras en que las mujeres lo han dicho, pero todas quieren decir lo mismo: "No seré una persona feliz ni una buena compañera sexual sino hasta que mi esposo se gane mi amor y devoción." Bueno, señora, le queda un último beso. Puede darle el beso de despedida a su felicidad. Dios te podrá dar la salvación pero Él no le DA un buen matrimonio a nadie. Trabajas para tener un buen matrimonio. Te sacrificas. Hasta que decidas ser una buena esposa, aun cuando no seas tratada como buena esposa, hasta entonces podrá crecer tu matrimonio. Los matrimonios crecen conforme las personas crecen. No puedes tener un mejor matrimonio mientras esperas que tu otra mitad mejore. No esperes a que el matrimonio te haga una mejor esposa o persona. Nunca sucederá. Si tu te conviertes en una mejor persona entonces tu matrimonio mejorará.

Aquí está la clave. Tú tienes que decidir que, para la gloria de Dios, vas a ser la clase de esposa que debes ser aun si tu marido nunca cambia.

Permíteme decirlo claramente: Dale placer a tu marido aunque él no se lo merezca. Ministra a tu esposo en todas las maneras; incluyendo el sexo. Trata el placer erótico como tu deber real. Si te esperas hasta que todo esté bien espiritualmente antes de participar en lo carnal, NUNCA sucederá.

Finalmente, lo voy a decir una vez más. ¿Quieres un mejor matrimonio? Magnífico, también tu cónyuge lo quiere. Ahora ve y practica el amor cristiano. Dale a tu pareja un mejor matrimonio y olvídate de ti mismo. Esa es la esencia del amor; de cualquier tipo de amor.

Filipenses 2:3-8

3 Nada hagáis por contienda o por vanagloria; antes bien con humildad, estimando cada **uno a los demás como superiores a él mismo;**

4 no mirando **cada uno por lo suyo propio,** sino cada cual también por lo de los otros.

5 Haya, pues, en vosotros este sentir que hubo también en Cristo Jesús,

6 el cual, siendo en forma de Dios, no estimó el ser igual a Dios como cosa a que aferrarse,

7 sino que se despojó a sí mismo, tomando forma de siervo, hecho semejante a los hombres,

8 y estando en la condición de hombre, **se humilló a sí mismo, haciéndose obediente** hasta la muerte, y muerte de cruz.

No hay vida más rica, ni placer más pleno y satisfactorio, que el que tiene el cristiano santo. La humanidad alcanza su más elevada expresión cuando está en comunión con Jesucristo. Ya conoces el camino. Ahora ve, y haz tú lo mismo.

Creada Para Ser Su Ayuda Idonea | *por Debi Pearl*

Dios creó a Adán y lo comisionó para asumir una posición de liderazgo. Desde entonces, todo hijo de Adán ha recibido el mismo encargo. El hombre fue creado para gobernar. Es parte de su naturaleza. Pero el único lugar en que gobernarán la mayoría de los hombres es en su propio pequeño reino llamado hogar. Como mínimo, el destino de cada hombre es ser el líder de su propia familia. Negarle esta primogenitura es contrario a su naturaleza y a la voluntad de Dios. Cuando un hombre no está al frente de su pequeño reino ni recibe la deferencia y la reverencia que debe acompañar a ese puesto, su reino no será gobernado correctamente, y los súbditos de ese reino no experimentarán la benevolencia de un rey que realmente los ama y los quiere. Cuando no reverencias a tu marido, privas de algo precioso a tus hijos, a tu marido y a ti misma.

Cuando el presidente de la nación hace una visita oficial a algún estado, aun cuando no sea popular en ese estado, todos invierten mucho tiempo y energías haciendo preparativos para su visita. Al llegar, es tratado con respeto. La gente no está reconociendo al hombre ni sus políticas, sino el cargo que ocupa y todo lo que representa. Dios constituyó a tu marido como "presidente" de tu familia. Tu marido no está allí para mostrar deferencia por ti ni para ser tu ayudante. NO ES la voluntad de Dios que tu marido te reverencie a ti. No es el plan de Dios que tú permanezcas sentada a la mesa o en tu sillón esperando que él se sirva solo. Nuestra sociedad moderna nos ha condicionado para esperar que él nos sirva a nosotras. Lastima nuestros sentimientos si él no hace cosas que sentimos que nos debe, pero ése no es el plan que Dios estableció. Nuestra falta de conocimiento y confianza en las palabras escritas de Dios nos han llevado a aceptar una mentira cultural. Nuestra cultura está diametralmente opuesta a Dios a cada paso. Es tiempo de reconocer que las doctrinas feministas han contaminado casi todas las escuelas públicas e incluso a algunos de los mejores maestros cristianos. Dios dice en Oseas 4:6: "Mi pueblo fue destruido, porque le faltó conocimiento. Por cuanto desechaste el conocimiento, yo te echaré del sacerdocio; y porque olvidaste la ley de tu Dios, también yo me olvidaré de tus hijos."

Las mujeres temen perder algo de su propia dignidad si se rinden ante un hombre que es menos que maravilloso. La rendición de tu autonomía a otra persona no es cosa de cobardes. La gente dice de una mujer obediente: "Ah, ella simplemente es de carácter apocado y tímido. Necesita hacer su propia vida." No saben lo que dicen. No se trata de doctrina abstracta, compleja; es práctico y pragmático. Entre más reverencia muestro hacia mi marido, más me atesora y me trata como su reina. Dios hizo al hombre de tal manera que nuestra deferencia y respeto alimentan su tendencia a mostrarnos ternura y protegernos.

La reverencia no es únicamente tu manera de actuar; es tu manera de sentir y de responder con palabras y tu lenguaje corporal. No basta que te levantes para servirle; tu mirada y el movimiento rápido y libre de tu cuerpo debe expresar el deleite que encuentras en servir a tu marido. No puedes engañar a un hombre. Él puede ver tu corazón tan bien o mejor que tú misma. No pierdas de vista su plato para que puedas adelantarte a sus necesidades. Deferencia es una taza de té caliente mientras le quitas los zapatos después de un día de trabajo pesado. Es una cara alegre cuando él regresa después de estar fuera por un tiempo corto. Es gratitud por su atención y afecto. Deferencia por tu marido es la cumbre de la femineidad. Hace que una mujer sea bella, amable y hermosa para todos, pero especialmente para él.

El siguiente relato es un ejemplo de lo opuesto a la reverencia.

No Me Despeines

Hace algunos años asistí con mi marido a una reunión en la que un grupo de hombres líderes estaban comentando asuntos muy serios, tratando de llegar a una conclusión respecto a qué acción debían tomar. Los hombres estaban sentados en un círculo, con sus esposas sentadas a su lado o inmediatamente atrás de ellos. Frente a mí estaba un hombre joven, serio y sobrio al que llamaré Carlos. Estaba allí con su atractiva esposa. En uno de los momentos más intensos de la conversación, Carlos se reclinó y le pasó el brazo sobre los hombros de su esposa. Ella inmediatamente reaccionó con obvia irritación, quitando su brazo de sus hombros, e inclinándose hacia adelante como para escapar a su abrazo. Luego acomodó cuidadosamente su cabello donde él la había despeinado con su brazo. La mente de él se apartó súbitamente del problema serio que trataban, para concentrarse en ella—mientras casi todos los presentes también se fijaron en ella. Para ella, sacudírselo no había sido nada, pero para todos los presentes (incluyendo a su marido) era un acto humillante, como si fuera un insensato niño inepto. Todos sintieron su humillación. Después de eso, Carlos no volvió aportar nada al diálogo. Durante el resto de la reunión, estuvo cabizbajo, regañado, con sus manos en su regazo. Yo sentía ganas de levantarme y darle una sacudida a esa mujer hasta que le cascabelearan los dientes. A ella le hubiera sorprendido saber que todos los presentes sintieron un rechazo extremo hacia ella por su reacción tan egoísta. Ella siguió arreglándose el cabello, inconsciente de que acababa de mostrar una total falta de honor y reverencia hacia su marido, e inconsciente de que estaba perdiendo el tiempo tratando de verse bonita, porque acababa de perder todo lo que es hermoso y femenino en ese solo acto de rechazo.

Cargando con esa clase de rechazo diariamente, Carlos jamás podrá realmente atesorar a su esposa, y nunca contará con lo necesario para ser un ministro o líder eficaz. Sí, ella es su esposa, e indudablemente que la seguirá amando. Pero su amor siempre será más bien un intento por ganársela. Mientras no se arrepienta, él no podrá amarla con gozosa despreocupación. El ego de un hombre es una cosa frágil. ¿Cómo puede un hombre atesorar a alguien que tiene en tan poca estima la reputación de él?

Su acción fue un testimonio de la condición de su corazón. Le interesaba más su peinado que el honor de su marido. Se estaba rebelando contra Dios al no reverenciar a su marido. Reverenciar es un verbo activo. Es algo que haces. No es primordialmente un sentimiento. Es un acto voluntario. A medida que reverenciamos y honramos a nuestros maridos, ellos serán libres para madurar delante de Dios y ministrar a otros. Carlos no era libre; estaba turbado y atado interiormente.

A pesar de lo que una mujer pudiera sentir respecto a su marido, puede decidir honrar y obedecerlo. Se le ordena al marido amar a su esposa. Tiene que ver con lo que siente por ella. Puedes decidir hacer lo que debes hacer mucho más fácilmente que lo que puedes ser motivada a actuar por tus sentimientos. Como dijimos antes, cuando decides hacer lo correcto, pronto se agregarán los sentimientos.

"La mujer insensata es alborotadora; es simple e ignorante" (Proverbios 9:13).

"La mujer sabia edifica su casa; mas la necia con sus manos la derriba" (Proverbios 14:1).

No es Justo

No parece justo que se espere que la esposa honre y obedezca a su marido aun cuando él no se haya ganado el derecho; sin embargo, ella también debe ganarse el derecho de ser amada. Si ella tiene que honrarlo sin importar cómo actúe él, ¿por qué no debe él amarla sin importar cómo actúe ella? Si mi marido estuviera hablando con los señores, les diría que amaran a sus esposas, sin importar cómo se porten. Pero recuerda, ésta soy yo, la mujer anciana, enseñando a las mujeres jóvenes lo que pueden hacer para que su matrimonio sea divino. No puedes obligar a tu marido a amarte, y no tienes derecho de esperar que te ame cuando no eres amable. Pero Dios ha provisto una manera para que la mujer haga que su marido la ame y la atesore. Dios nos dio a las mujeres algunas llaves para llegar a los caminos del corazón del hombre. Dios ha dispuesto las cosas de tal manera que podemos manipularlo para que cumpla con el deber que Dios le ha dado. Su misma naturaleza es tal que responderá a nosotras si tan sólo lo tratamos con reverencia. El hombre no cuenta con semejante poder para influir sobre su esposa. La mujer no está hecha con los mismos mecanismos de respuesta. Dios no dio a los varones la misma promesa maravillosa que dio a las mujeres, para que puedan ganar a sus esposas con la conducta correcta. Pero la mujer tiene una hermosa esperanza basada en las promesas de Dios.

Este es un extracto del libro:
Creada Para Ser Su Ayuda Idonea,
por Debi Pearl. Continuamente nos
asombramos al ver lo que Dios está
haciendo a través de este libro.

Creada Para Ser Su Ayuda Idónea (Created to be His Help Meet)

Escrito por Debi Pearl. Lo que Dios está haciendo a través de este libro es asombroso. ¿Te ha desafiado a querer ser la ayuda idónea para lo cual Dios te creó? Oramos que así sea. Si te ha bendecido (y a tu amado) entonces considera pasar la bendición a alguien a quien amas regalándole su propio ejemplar de Creada para ser su Ayuda Idónea. Disponible en libros sueltos y en cajas de 24 ejemplares (40% descuento) y leído en audio CDs. Disponible en inglés y en español.

El Bien Y El Mal (Good and Evil)

Dios escogió introducirse a Sí mismo a la humanidad, no por medio de principios, conceptos o doctrinas, sino por medio de historias de profecía, guerra, misericordia, juicio, milagros, muerte, vida y perdón. Este es el plan redentor de Dios narrado cronológicamente desde Génesis hasta Apocalipsis.

El Bien y el Mal ha encontrado gran aceptación entre misioneros (está siendo traducido a 47 idiomas). Esta siendo utilizado en escuelas en el hogar, en el devocional familiar, en iglesias y como una herramienta evangelística. Será un magnifico regalo que todos disfrutarán. Escrito por Michael Pearl y con un espectacular trabajo gráfico por el ex-dibujante de tiras cómicas Marvel, el artista Danny Bulanadi. Más de 300 páginas ilustradas en formato de revista de tiras cómicas donde se presentan las historias de la Biblia en orden cronológico. Magnífico para cualquier niño, adolescente o como material para escuela dominical. Un libro de 312 páginas. Disponible en español y inglés.

Para Entrenar a Un Niño (To Train Up A Child)

Escrito por padres exitosos, aprenda a entrenar a sus hijos en vez de disciplinarlos. Con humor y ejemplos de la vida real, este libro le enseñará cómo entrenar a sus hijos antes de que surja la necesidad de disciplinar. Deje por la paz la disciplina correctiva y hágalos sus aliados en vez de sus adversarios. El estrés desaparecerá y sus hijos obedientes le alabarán, Disponible en español (libro y audio CD) y en inglés (libro).

Marriage God's Way Video

A perfect marriage is 100/100. It is a man and a woman giving 100% to the other. What if he or she won't give 100%? Then you can match their 10% with your 10% and continue in an unfulfilling relationship, or, by the grace of God and the power of the Holy Spirit, you can give 100% to your spouse for their sake and watch their 10% grow into 100%.

Michael takes the viewer through the Word of God to uncover the Divine plan for husbands and wives. Available on 2 DVDs.

Only Men

Michael Pearl speaks directly and frankly to men about their responsibilities as husbands. Wives should not listen to this tape. We don't want you taking advantage of your man. Available on 1 CD or 1 Cassette.

Holy Sex

Michael Pearl takes his readers through a refreshing journey of Biblical texts, centered in the Song of Solomon. This sanctifying look at the most powerful passion God ever created will free the reader from false guilt and inhibition. Michael Pearl says, "It is time for Christian couples to take back this sacred ground and enjoy the holy gift of sexual pleasure." 82 page Book.

The Joy of Training

Michael and Debi Pearl tell how they successfully trained up their five children with love, humor, the rod, and a King James Bible. The 2 DVD set contains the same high quality, digitally filmed content as the video set and hundreds of snapshots and video clips of family and children, illustrating the things being taught. Available on DVD.

Sin No More

The big question is: "So how do I stop sinning?" You have confessed your sins, received the baptism of the Holy Ghost with evidence of everything but ceasing to sin, yet you are still a Romans 7 defeated Christian. I assure you, God not only saves his children from the penalty of sin but he saves them from its power as well. You can stop sinning.

Available in a 9 CD set, 1 MP3 CD or 7 Cassette set.

Righteousness

This set contains four messages on salvation and righteousness: The Man Christ Jesus, Saving Righteousness, Imputed Righteousness, and The Blood. The messages explore intriguing topics such as the humanity of Christ and why he referred to himself as "The Son of Man", why man's blood is required when he spills the blood of another man, God's clearly defined method of making a person righteous enough to get to heaven, and how the blood of Jesus washes away our sins. Available in a 4 CD set.

Teaching Responsibility

The difference between a man and a boy, no matter how old, is his willingness to bear his responsibility. In this seminar, Michael Pearl uses humorous stories and practical examples to illustrate the simple process of training your children to work without complaint. Cut into his speaking presentation are hundreds of video clips and photos that help illustrate his message. 2 DVD set.

Eight Kingdoms

The Bible speaks of eight kingdoms. You can't see one of them. One is coming but you can't be a part of it. Another must be resisted. You have been removed from another. You must honor another that is evil. One is now fighting for its life. One is going to smash all the others and reign forever on the earth. If you don't want to be challenged, don't bother buying this book. This book would be a gift your pastor would truly enjoy.

Free Online Resources!

Log on to www.nogreaterjoy.org for free Bible-study downloads, browse our topical archive of over 250 articles on everything from child-training to homemade herbal tinctures, and sign up for our FREE bi-monthly magazine No Greater Joy! View and order our products at our online Store or call our toll-free Order line at 866-292-9936, 8 a.m. – 5 p.m. CST.